ALTPREUSSISCHER KOMMISS

offiziell, offiziös und privat

Heft 12

Geschichte des Füsilier-Regiments von Kleist

BIBLIO VERLAG · OSNABRÜCK · 1978

Geschichte des
Füsilier-Regiments von Kleist

Neudruck der Ausgabe
Halle 1767

Mit Einführung von H. Bleckwenn

BIBLIO VERLAG · OSNABRÜCK · 1978

Umschlag:
Fahne und Füsilier des Regiments No. 36
(Uniformfigur nach dem
Manuskript der Meißner Porzellan-Manufaktur von 1757/58)
Graphische Gestaltung von F.-G. Melzner

Printed in W-Germany
by Proff & Co. KG, Bad Honnef am Rhein
ISBN (kompl. Reihe) 3-7648-0864-0
ISBN (Heft 12) 3-7648-0822-5

EINFÜHRUNG

Im Fragment der Seyfart'schen Regimentsgeschichten stehen 4 „neue", also nach 1740 errichtete Regimenter nur 2 alten gegenüber, — nicht ohne Grund: ihre Vergangenheit war kurz nach dem Siebenjährigen Kriege noch leicht zu übersehen. So waren sie in der Lage, dem Wunsch Seyfarts nach Material rasch zu entsprechen und erscheinen ⊢ da es in der Armee doppelt so viel alte wie neue Regimenter gab — vierfach überrepräsentiert.

Die Neuformationen nach 1740 waren in der Regel „Füsilier-Regimenter", — charakterisiert durch kleinwüchsigen Ersatz, der kürzere Gewehre und damit eine taktische Minderleistung bedeutete. Sie wurden deshalb grundsätzlich nur im II. Treffen der Ordre de Bataille verwendet, und ihre „Kombattanz" ist 1756/62 gegenüber den alten Regimentern zu Fuß deutlich geringer, wenn man die Durchschnittswerte der Gruppen vergleicht: das in diesem Sinne beste Füsilier-Regiment No. 41 erreicht eben die Mittelgruppe der alten Regimenter.

VI

Typisches äußeres Merkmal der „minder Langen" ist schon seit 1723 die „Füsiliermütze" — von vorn und aus einiger Entfernung der Grenadiermütze zum Verwechseln ähnlich. Auch die Grenadiere waren ja grundsätzlich nur mittelgroß, aber besonders diensterfahrene und zuverlässige Leute, so daß die Füsiliermützen als eine Art Schreck-Mimikry zu deuten sind.

Der Name „Füsiliere" ist in diesem Zusammenhang schwer zu erklären. Er zeichnet vor 1700 die Truppen aus, die man zuerst mit dem neuen Steinschloßgewehr ausstattet und hat sich in diesem Sinne bis heute bei besonders angesehenen Regimentern der englischen Armee erhalten. Gelegentlich — und gerade in der preußischen Armee — gab man das neue Modell auch an zum Kleinkrieg bestimmte Freikompanien, bei denen es außerhalb der rangierten Linie nur auf besonders gewandte, bewegliche Leute ankam, die als Einzelkämpfer eine relativ rasch feuernde Waffe brauchten. So mögen sich die Begriffe „klein/behende" und „Füsilier" verbunden haben, denn gerade in Preußen sehen wir diese Begriffs-Kombination wiederkehren, als 1787 der Name ausschließlich auf eine neue Art leichter Infanterie übergeht, — die Bataillone der „grünen Füsiliere". Sie werden, soweit sie 1806 überdauern, im gleichen Sinne des relativ kleinwüchsigen Ersatzes und

VII

damit der „Leichtigkeit" zum aufgelösten Gefecht den Infanterie-Regimentern als III. Bataillone zugeteilt; dort entspricht noch lange Zeit ihr abweichend schwarzes Lederzeug dem Prinzip der im Gelände unauffälligen Farben.

Zurück zu unserem Regiment. Es hat pommerschen Ersatz, und so verwundert es nicht, wenn es sich bei Lobositz auszeichnet, bei Breslau schwer leidet und doch zwei Wochen später bei Leuthen „Wunder tut" nach König Friedrichs eigenen Worten. Dann aber geht es bergab: nach Maxen wird es zwar neu formiert, aber nicht mehr auf den Feldetat gesetzt und als es mit der Festung Schweidnitz 1761 erneut verlorengeht, wird es für 1762 nicht wieder errichtet, sondern erst 1763 durch das ehem. sächsische Regiment „Roebel" (S55) ergänzt, — und nicht „ersetzt": denn von 12 Kompanie-Chefs kommen 9 von No. 36, nur 2 von S55, womit die juristische Kontinuität klar bezeichnet ist.

Der Grund eines solchen Abstiegs ist erkennbar: soweit Füsilier-Regimenter Kantons hatten, überschnitten sie sich vielfach mit denen alter Regimenter zu Fuß; diese zogen die größeren Rekruten, während den Füsilieren die kleineren verblieben. Im Kriege griffen die Regimenter zu Fuß aber in der Not auch auf kleinere Leute zurück, und die Füsiliere blieben mehr und mehr auf unwillige Sachsen, zweifelhafte Geworbene, Deserteurs oder gar gepreßte Kriegsgefangene angewiesen. Das bedeutete den Abstieg um so sicherer, wenn das Regiment als ein pommersches und damit zuverlässiges zunächst als besonders strapazierfähig gegolten hatte.

H. Bleckwenn

Vollständige Geschichte
aller
königlichen preußischen
Regimenter
von ihrer Errichtung an
bis auf gegenwärtige Zeit
darin alle
Feldzüge, Belagerungen
und Schlachten
denen solche
im jetzigen und vorigen Jahrhunderte
beygewohnet,
nach der Zeitrechnung angeführt und beschrieben,
und von
den Lebensumständen
der Hrn. Chefs sowol als anderer Hrn. Officiers
Nachricht ertheilt wird.

Drittes Stück.

HALLE,
im Verlag Johann Gottfried Trampe 1767.

Geneigter Leser,

Wir haben nicht nöthig, von der Einrichtung der Geschichte aller königlichen preußischen Regimenter etwas anzuführen, indem die Vorrede zu dem ersten Stücke derselben alles dahin gehörige enthält, und wir uns niemals von dem daselbst gemachten Entwurfe entfernen werden. Wir haben also nur von einigen das äusserliche betreffenden Veränderungen Nachricht zu geben.

Vorrede.

Es ist jede Regiments Geschichte nach der Zeitordnung, wie sie die Presse verlassen, das erste, oder zweyte oder dritte Stück, u. s. w. benennet, welches zur Bequemlichkeit der Liebhaber geschehen. Die Herren Buchhändler, oder andere Liebhaber dürfen nur das erste, zweyte, oder ihnen selbst beliebige Stück der vollständigen Geschichte verschreiben; so kann niemals ein Irrthum vorgehen.

Es ist auch über jede Geschichte eine römische Zahl, als XLI über die von Lossow, XIX über die von Prinz Friedrich August von Braunschweig, XXXVI über die von Kleist gesetzet worden. Dieses ist wegen der leichten und bestimtern Verweisung geschehen, und wir wollen es mit einem Beyspiel erläutern.

Die-

Vorrede.

Diese Zahlen bestimmen das Alter eines Regiments nach den erweislichen Jahren seiner Errichtung, nicht aber seinen Rang, als welcher bey dem preußischen Heere durch die höhere oder niedrigere Kriegesbedienung des Regiments Inhabers fest gesetzet wird. Wenn wir also künftig von einem vorkommenden Officier anführen werden, daß er bey dem Regimente Lossow Fuseliers gestanden; so werden wir sagen, daß er bey dem Regimente XLI gedienet, und dieses letztere wird bestimmter als das erstere seyn. Die Benennungen der Regimenter werden durch den Abgang der Inhaber oft alle Jahr, ia zu weilen in noch kürzerern Fristen geändert, und das Regiment, welches noch im 1767sten Jahre Hülsen hieß, heisset jetzo schon Schwerin. Oft gibt es
meh-

Vorrede.

mehrere Regimenter von einerley Namen, welches die Verwirrung vermehren würde, der wir auf diese Art aus dem Wege zu gehen glauben.

In Ansehung der Fortsetzung gibt der Herr Verleger die Versicherung, daß in Zeit von vier bis sechs Wochen jedesmal ein Stück erscheinen soll. Von den Regimentern von Anhaltbernburg und Briezke sind, da wir dieses schreiben, bereits einige Bogen abgedruckt, und man wird sich bemühen, zur Veränderung ein Reuter, Dragoner und Husarenregiment, nach und nach der Presse zu übergeben, indem hinlänglicher Vorrath zur ununterbrochenen Fortsetzung vorhanden ist. Halle, geschrieben den 25ten Julius 1767.

No. XXXVI.

No. XXXVI.
Geschichte und Nachrichten
von dem
königl. preuß. Fuselierregimente
von Kleist,
von der Zeit seiner Stiftung
bis
zum 1ten Jul. des Jahres 1767.

Inhalt.

§. 1. Von der Stiftung des Regiments und dessen ersten
Feldzügen   Seite 1

§. 2. Von dem Feldzuge in den Jahren 1744 und 1745   5

§. 3. Von dem, was von 1746 bis 1756 vorgefallen   14

§. 4. Von den Begebenheiten des im 1757 und 1758 Jahre
eröfneten Feldzuges   15

§. 5. Von den Begebenheiten im 1759sten Jahre   21

§. 6. Von den Begebenheiten des neuerrichteten Bataillons
bis zur Eroberung von Schweidnitz   23

§. 7. Von den Feldzügen der beyden Grenadiercompagnien
von 1740 bis 1742   25

§. 8. Von den Begebenheiten der Grenadiercompagnien in
den beyden Feldzügen von 1744 und 1745   30

§. 9. Von den Feldzügen im 1756 und 1757 Jahre   32

§. 10. Von den Begebenheiten der Grenadiercompagnien in
dem Feldzuge von 1758   43

§. 11. Von den Begebenheiten der Grenadiercompagnien im
1759sten Jahre   50

§. 12. Von den Begebenheiten der Grenadiercompagnien in
den Jahren 1760 bis 1763   52

§. 13. Von den Regiments Inhabern seit Stiftung des=
selben   54

§. 14. Von den Inhabern der Compagnien seit Stiftung
des Regiments   58

§. 15. Von den seit Stiftung des Regiments bis zum
1sten Julius 1767 abgegangenen Herren Officiers   62

§. 16. Verzeichnis der den 1sten Julius 1767 bey dem
Regimente stehenden Herren Officiers   88

§. 17. Von den seit Stiftung des Regiments bey demselben
gestandenen Herren Regimentsquartiermeistern, Feld=
predigern, Auditeurs und Regimentsfeldscherern   109

Fuselierregiment
von Kleist.

§. 1.
Von Stiftung des Regiments und dessen ersten Feldzügen.

Nach Absterben des Königs Friedrich Wil: 1740.
helm von Preussen ließ sein Nachfolger
eine seiner ersten Beschäftigungen seyn, das
Heer mit verschiedenen neuen Regimentern
zu verstärken. Ungefehr im October des
1740sten Jahres kam die Errichtung des
Regiments, von dem ich rede, zu Stande. Den
Fuß gab das zu Colberg stehende Garnisonbataillon des
des Obristen Volrath von Hellermann, und durch
die im teutschen Reiche angeworbene Mannschaft ward
es auf 2 Grenadier= und 10 Fuseliercompagnien in
Potsdam vollzählig gemachet. Der Obrist und Be=
fehlshaber des falksteinischen Regiments Fußvolk, Herr
Gustav Bogislaf von Münchow, ward zu dessen
erstem Inhaber ernennet, und es hatte bey seiner Er=
richtung folgende Herren Officiers.

v. Kleist.   A   1. Obri=

Fuselierregiment

1740.
1. Obrister und Regimentsinhaber Gustav Bogislaf von Münchow.
2. Obrister Philipp Bogislaf von Schwerin.
3. Obristwachtmeister Johann Dietrich von Hülsen.
4. Obristwachtmeister Wilhelm von Saldern.

Hauptleute.

5. Martin Heinrich von Gottberg.
6. Bernhard Philipp von Bandemer.
7. George Friedrich von Kleist.
8. 1ster Grenadierhauptmann Julius Dietrich von Queis.
9. 2ter Grenadierhauptmann Johann Friedrich von Asseburg.
10. Johann Siegmund von Lewald.
11. Friedrich August von Schenkendorf.
12. Thomas Valentin von Eimbeck.

Stabshauptleute.

13. Ludwig von Gohr.
14. Heinrich Ernst von Bär.

Premierleutenants.

15. Johann Friedrich von Wiersbizki.
16. Johann Christoph von Lüderitz.
17. Adam Henning von Kamecke.
18. Johann Philipp von Eckart.
19. Friedrich Wilhelm von Warnstedt.
20. Hans Christoph von Woldeck.
21. Adam Friedrich Christoph von Görne.
22. Wolfgang Christoph von Schlieben.
23. Fabian Wilhelm von Schönaich.
24. Carl Franz von Görzke.

Secondlieutenants.

25. Johann Christoph Fink.
26. von Trost.

27. Frie-

27. Friedrich Anton von Langen. 1740.
28. Jacob Bonnet.
29. Dionysius von Callagan.
30. Jacob von Herbert.
31. Hans George von Plötz.
32. Friedrich Wilhelm von Stabel.
33. Otto Siegmund von Unruh.
34. Johann Friedrich von Walter.
35. Johann Friedrich von Wagenknecht.
36. Carl Friedrich von Milchling.

Fähnrichs.

37. Caspar Jacob von Bredow.
38. von Artuschefski.
39. Daniel George von Radecke.
40. Johann Christoph von Treskow.
41. Moritz Eggert von Briesewitz.
42. Caspar Heinrich von Haugwitz.
43. George Heinrich von Esmann.
44. Anton Leberecht von Legat.
45. Johann Christoph von Berner.
46. Carl Sylvius, des heiligen römischen Reichs Graf von Burghaus.
47. Joseph von Pardell.
48. August Ludwig von Below.
49. Gottlob Heinrich von List.
50. Hector George von Lettow.

Das Regiment blieb bis zum 12ten Febr. 1741 1741. in Potsdam zur Besatzung liegen. An diesem Tage aber rückte es nach Berlin. Hier dauerte dessen Aufenthalt bis zum 4ten Merz, da es unter Anführung des Obristen von Münchow nach Schlesien aufbrach. Es kam in der Mitte des Merzmonats zu Großglogau an, in welcher neueroberten Festung anfänglich beyde Bataillons zur Besatzung bleiben sollten; allein das

erste

1741. erste Bataillon kam bald hernach auf den Dohm zu Breslau zu liegen, das zweyte aber blieb zur Besatzung in Großglogau. Als den 11ten August die Stadt Breslau auf königlichen Befehl besetzet ward, war dieses Bataillon dasjenige, so von der Oberseite solche überrumpelte. Der Hauptmann Friedrich August von Schenkendorf muste, nachdem er vermittelst der Wagen zum Sandthore herein gedrungen, sich längst dem Wall und über die grosse Oderbrücke ziehen, und der Brückenschanze sich bemächtigen, deren Besatzung nach einigem Widerstande, jedoch ohne einigen Verlust, das Gewehr strecken muste. Den Winter hindurch hatte das erste Bataillon zu Breslau, so wie das zweyte zu Glogau, seinen beständigen Aufenthalt.

1742. Im folgenden Jahre rückte auch das zweyte Bataillon den 20sten Febr. zu Breslau ein, und von da brach das ganze Regiment am 16ten Merz nach Oberschlesien auf. Hier kam es unter den Oberbefehl des ersten königlichen Feldmarschalls, Fürsten Leopold von Anhaltdessau. Dieser verlegte es nach Troppau. Der in Oberschlesien aus Mähren eindringende Feind hatte mit den preußischen Völkern fast täglich Scharmützel. Er grif unter ändern das Dragonerregiment von Canneberg bey Wigstädel von allen Seiten an. Er brauchte dazu ein ganzes Husärenregiment, 1000 Mann ungarische Reuterey, und über 1000 Mann zu Fuß. Den vortreflichen Anstalten des Obristens, Freyherrn Friedrich Wilhelm von Cannenberg, war die Erhaltung dieses Regiments zu danken. Es gelangte unter beständigen Scharmützeln durch den Hohlweg von Wigstädel, und der Obristwachtmeister Johann Dietrich von Hülsen kam mit einem Bataillon münchowschen Regiments und drey Stücken zu rechter Zeit aus Troppau an, bey dessen Erscheinung die den Herrn von Cannenberg verfolgende Feinde sich sogleich zurück zogen. Bald darauf kam der Friede zu Stande. Das
Regiment

Regiment rückte aus Oberschlesien nach Breslau, gieng 1742. daselbst zu Schiffe, trat zu Frankfurt an der Oder wieder ans Land, und setzte von da seinen Weg zu Lande nach Brandenburg fort, in welcher Stadt es seit dieser Zeit beständig in Besatzung gelegen hat.

§. 2.
Von dem Feldzuge in den Jahren 1744 und 1745.

Im Junius 1743 trat es den Weg zur Musterung bey Magdeburg an. Hier war es den 18 Jun. bey der allgemeinen Musterung, den 20 aber ward es von dem Könige besonders gemustert. 1743.

Im folgenden Jahre führte der König ein ansehnliches Heer nach Böhmen, um dem bedrängten Kaiser Carl dem 7 zu helfen. Das Regiment von Münchow brach den 10 August von Brandenburg nach Böhmen auf, gieng über Grossenhayn durch Sachsen, und bey Pirna über die Elbe, wo es den 21 August zu des Königs Heer stieß. Den 23sten gieng der Zug nach Böhmen fort, bey welchem das Regiment das Gepäcke des Heeres deckte. Es ward darauf zur Belagerung vor Prag gebrauchet, und befand sich den 2 Sept. bey Eröfnung der Laufgräben, dazu es 10 Officiers, 60 Unterofficiers, und 600 Gemeine hergab. Nach der Eroberung dieser Hauptstadt trennte sich das Heer am 21 Sept. und das Regiment kam unter den Befehl des Feldmarschalls, Fürsten Leopold Maximilian von Anhaltdessau, der den linken Flügel des ganzen Heeres befehligte, und sich links zog. Den 26 Sept. stieß dieser Flügel wieder zum Heer, am 26 Oct. aber ward dasselbe von neuem getheilt. Das Regiment von Münchow stieß zu denjenigen Völkern, welche dem Generallieutenant Christoph Ernst von Nassau unter- 1744.

1744. geben wurden. Dieser General rückte den 25 Oct. von Marschwitz nach Beneschau, den 26 aber nach Cammerburg, wo er disseits das Lager nahm. Hier traf er 10000 Mann leichter Völker an, er ließ sein Fußvolk durch die Hohlwege anrücken, die Reuterey folgte, um sie zu unterstützen, sein Stückfeuer brachte den Gegentheil zum Weichen, und er nahm sowohl von Cammerburg als Zassawa Besitz. Den 27 bezog er jenseit Cammerburg das Lager, den 28 aber zog er bis Schwarz Kostoletz, auf welchem Zuge abermals Scharmützel vorfielen. Nach einem Tages darauf bey Schwarz Kostoletz gehaltenen Rasttage rückte er den 30 ins Lager bey Koschenitz, und den 31 nach Collin. Der König, welcher über die Elbe zu gehen, und sich den schlesischen Gränzen zu nähern beschlossen, ließ den General von Nassau bis in die Mitte des Novembers bey Collin stehen, während welcher Zeit den 10 Nov. das 2te Bataillon zur Verstärkung der Besatzung nach Prag gesendet ward. Nach dem Uebergange des östereichischen Heeres über die Elbe zog sich der König sowohl, als der General von Nassau, gegen das Ende des Novembers nach Schlesien zurück. Das 1ste Bataillon, welches über Landshut in Schlesien einrückte, muste von da im December nach dem bey Neiß gelegenen Dorfe Klumpinglau ziehen, woselbst das 2te Bataillon, das auf dem Rückzuge aus Prag viel gelitten, den 28 Dec. zu demselben stieß.

1745. Im Jenner des folgenden Jahres muste es mit mehrern Völkern unter Anführung des Feldmarschalls Fürsten Leopold von Anhaltdessau den Zug gegen die in Oberschlesien eindringende östereichischr Macht antreten. Der Fürst vertrieb seinen Gegentheil aus Ratibor, Troppau und mehrern Orten, ohne vieles Volk dabey zu verlieren, und das Regiment, welches bis Troppau mit vorgerückt war, bekam daselbst seinen Winteraufenthalt. Im April bekam es Befehl, nach

Breslau

Breslau zu gehen, und rückte den 1 May daselbst ein, 1745. um den Sommer über die Besatzung dieser Hauptstadt mit auszumachen. Allein es ereignete sich bald die erwünschte Gelegenheit, dem Könige im Felde beträchtliche Dienste zu leisten. Der Generallieutenant von Nassau ward aus Böhmen mit einigen Völkern nach Oberschlesien gesendet. Er hatte den wichtigen Auftrag, die nieder = und oberschlesische Städte, welche von dem Gegentheil besetzt waren, von diesem beschwerlichen Besuche zu befreyen, und die Festung Cosel, welche im May von den Oesterreichern erobert worden, wieder unter preussische Bothmässigkeit zu bringen. Die Befehle des Königs wurden von diesem geschickten und glücklichen Feldherrn auf das genaueste vollzogen, und das Regiment von Münchow hatte an der Ehre der Ausführung dieses gegen einen überlegenen Feind gemachten Entwurfs den rühmlichsten Antheil. Es brach den 2 Jul. unter Anführung des Generalmajors Philipp Bogislaf von Schwerin nebst 200 Husaren von dem Regimente Hallasch von Breslau auf, und stieß den 5ten zu den Völkern, die der General von Nassau bey Neiß versammlet hatte. Auf diesem Zuge traf es bey Grotkau auf den österreichischen General, Grafen Anton Caroli, der zwischen Grotkau und Ohlau streifte, und 5000 Mann stark zu seyn vorgab. Der Obrist Hartwig Carl von Wartenberg rückte mit seinem 10 Schwadronen starken Husarenregimente auf der Seite von Brieg heran, und der Graf Caroli ward genöthiget, bey Lassot und Sorge über die Neiß zurück zu gehen, und sich nach Oppeln zu ziehen. Der Feldmarschall, Graf Joseph von Esterhasi, stand mit 20000 Mann bey Neustädt, der General von Nassau rückte, um solchen anzugreifen, den 10 Jul. von Neiß gegen denselben an. Der Obriste von Wartenberg ward mit 600 Husaren und 300 Dragonern, welche letztere der Obristwachtmeister

1745. ster naſſauiſchen Dragonerregiments, Gabriel Monod von Froideville, befehligte, und den 2 Grenadierbataillons von Kleiſt und Byla, am 10ten früh nach Altwalde voraus geſendet, um des Feindes Stellung näher zu beobachten, ihm folgte der Generalmajor Johann von Brunikowski mit allen übrigen Huſaren und den Dragonerregimentern von Naſſau und Louis Würtemberg. Nachmittags um 1 Uhr aber brach der General von Naſſau mit allen übrigen Völkern auf, und bezog Abends das Lager bey Altwalde. Den 11ten mit Anbruch des Tages ward der Feind durch die Huſaren und Dragoner welche von den 2 Grenadierbataillons unterſtützt wurden, bey Neuſtadt angegriffen, nach einem hitzigen Gefechte den Platz zu verlaſſen genöthiget, und des Abends das Lager bey Neuſtadt genommen. Nachdem der General von Naſſau 2 Tage in dieſem Lager ſtille geſtanden, brach er den 14ten, um eine Bewegung gegen Klein Glogau und Coſel zu machen, mit 7 Bataillons, den Dragonerregimentern Naſſau und Louis Würtemberg, und den Huſarenregimentern von Brunikowski und Wartenberg von Neuſtadt auf. In Neuſtadt blieben unter dem Befehl des Generalmajors von Münchow, um ſo wohl Niederſchleſien zu decken, als auch die Gemeinſchaft mit Neiß zu erhalten, 6 Bataillons zurück, und unter dieſen befand ſich ein Bataillon von Münchow. Das erſte Bataillon aber machte mit 1 von du Moulin und 1 von Hautcharmoi die Spitze der nach Klein Glogau ziehenden Völker. Die Abſicht des Generals von Naſſau war, zu verſuchen, ob es möglich ſey, den Feind zur Verlaſſung von Coſel zu nöthigen, welches, wie verſichert wurde, ſchlecht verſehen ſeyn ſollte, und ſodenn auch dem Generalmajor Heinrich Carl von Hautcharmoi, der mit einigen Völkern von Brieg kam, die Beſetzung von Oppeln zu erleichtern. Er ließ alſo den 14ten Abends ſeine Völker in und bey Klein Glogau herum

herum legen, Oppeln ward den 16ten von dem Gene= 1745. ral von Hautcharmoi glücklich besetzet, und wegen der Festung Cosel machte der General von Nassau folgende Anstalt. Er schickte in der Nacht vom 16 zum 17 Jul. die Generalmajors Johann von Brunikowski, und Reimar Julius von Schwerin, Commandeur des Regiments Ludwig Würtemberg Dragoner, dahin ab. Sie hatten den Auftrag, die Gegend in Augenschein zu nehmen, wie stark die Festung besetzt sey, Kundschaft einzuziehen, und wo möglich, die 2 Regimenter Fußvolk, welche der Feind mit Geschütz und schwer beladenen Wagen nach Cosel bestimmt hatte, aufzuheben. Der Obriste Georg Ernst von Nettelhorst, jung donaschen Regiments, welcher den Obristwachtmeister münchowschen Regiments, George Friedrich von Kleist, unter sich hatte, ward nach Kuttendorf gesendet, um näher bey der Hand zu seyn. Allein der Feind hatte von dem Anzuge der Preussen vermuthlich Nachricht bekommen, man traf keine Wagen an, und der Commendant zu Cosel, Obristwachtmeister von Flandrini, welchen der Generalmajor von Schwerin auffordern lassen, gab zur Antwort, daß er sich bis auf den letzten Mann wehren wollte. Nachdem also diese Generals die zuverläßige Nachricht eingezogen, daß Cosel mit mehr als 3000 Mann besetzet, und mit allen Kriegsbedürfnissen auch Lebensmitteln hinlänglich versehen sey, stiessen sie den 8ten wieder zu dem General von Nassau. Dieser gieng den 20sten von Klein Glogau nach Neustadt zurück, weil es nöthig war, die Zufuhr zu dem königlichen Heere in Böhmen, welche durch einen grossen Schwarm Husaren, die sich bey Zuckmantel durchgeschlichen hatten, unsicher gemacht wurde, frey zu machen. In diesem Lager blieb er bis zum 20 August stehen, und während dieser Zeit beschäftigte er sich mit Anstalten, die Belagerung von Cosel mit Nachdruck und Hofnung eines glücklichen Erfolgs vornehmen zu können.

1745. können. Das eine Bataillon von Münchow machte, so lange dieses Lager dauerte, die Besatzung in Neustadt, das andre aber stand im Lager auf dem linken Flügel neben dem Grenadierbataillon von Byla. Um die Streifereyen des Gegentheils zu verhindern, ließ der General Ziegenhals, Falkenberg und Zülz hinlänglich besetzen. Den 21 Jul. ward der Obristwachtmeister Regiments von Münchow, Julius Dietrich von Queis, mit 200 Mann, welche von vier Regimentern und auch von Münchow waren, ohne Geschütz nach Falkenberg, welches drey Meilen vom Lager lag, geschickt. Zu Anfang des Augustmonats ward er durch den Obristwachtmeister des Regiments Flanß, George Anton von Wobser, welcher von der oppelschen Besatzung dahin gesendet wurde, abgelöset, und trat den 7 August den Zug an, um sich wieder nach dem Lager bey Neustadt zu begeben. Kaum hatte er eine Meile zurück gelegt, so grif ihn der ungarische Obrist von Drawezki mit 12 bis 1400 Mann zu Pferde zwischen Falkenberg und Friedland an, allein das Feuer der preussischen Mannschaft, welches von früh 8 bis nach 12 Uhr dauerte, hielt das Eindringen des so stark überlegenen Gegentheils ab, der auch so gar die Hälfte der Husaren absitzen, und zu Fuß feuern ließ. Der General von Nassau schickte den Obristen von Wartenberg mit 600 Husaren, 200 Dragonern von dem Piquet und dem Grenadierbataillon von Byla dem von Queis zu Hülfe. Auf dessen Annäherung zog sich der Feind ungesäumt zurück, der Obriste zog die Mannschaft unter dem Herrn von Queis an sich, und brachte sie glücklich ins Lager bey Neustadt.

Nachdem zu der Unternehmung auf Cosel alles veranstaltet, brach der General von Nassau den 20 Aug. Nachmittags um 2 Uhr gegen Rasselwitz, von da aber den folgenden Tag nach Klein Glogau auf. Hier machte er den folgenden Tag Rasttag, um dem Generalmajor

ralmajor von Hautcharmoi, der mit einer aus 100 Schiffen bestehenden Flotille auf der Oder herunter kam, Zeit zu geben; den 23sten aber brach er, um den bey Lowositz stehenden österreichischen General Gabriel von Spleni zu überfallen, in verschiedenen Abtheilungen und größter Geschwindigkeit gegen Leobschütz auf. Jedoch der Herr von Spleni wartete den Angrif nicht ab, sondern zog sich gegen Jägerndorf, wo der Feldmarschall Graf Esterhasi alle österreichische Völker zusammen gezogen hatte, und den Herrn von Nassau seinem Vorgeben nach erwarten wollte. Das Lager ward also bey Leobschütz genommen, welches durch den Obristlieutenant von Hülsen mit dem 2ten Bataillon von Münchow besetzet ward. Der General von Nassau erfuhr hier, daß das schwere Geschütz, welches der General von Hautcharmoi auf den Schiffen hatte, vor dem 26sten nicht bey Cosel eintreffen könnte, er blieb also den 24sten bey Leobschütz, machte aber doch einen Versuch, den Gegentheil aus seiner vortheilhaften Stellung bey Jägerndorf zu locken. Er brach den 25sten gegen Bauerwitz auf, und setzte den Zug längst den Anhöhen dergestalt fort, daß er Abends bey Bauerwitz sich lagerte, den 26sten früh um 10 Uhr aber vor Cosel eintraf. Diese Festung ward von dem General von Nassau auf dieser Seite der Oder, und von dem Generalmajor von Hautcharmoi, der den 27sten eintraf, auf jener Seite eingeschlossen. Das eine Bataillon von Münchow kam bey Wiegschütz, und das andre in Reinsdorf zu stehen, wobey ersteres die mit zwey Kammerstücken besetzte Redoute des rechten Flügels besetzen muste. Den 31 August wurden die Laufgräben durch 1300 Arbeiter, denen 2 Bataillons zur Bedeckung dienten, 200 Schritte von der Cantrescarpe ohne Verlust eines Mannes eröfnet, und die Arbeit in den folgenden Tagen so eifrig fortgesetzet, daß man in der Nacht vom 4 bis 5ten Sept. bereits mit

offenen

1745. offenen Sappes bis auf 16 Schritte von der Umpfählung vorrückte. Der Commendant ward dadurch bewogen, den 5ten gegen 2 Uhr Mittags die weiße Fahne auszustecken, um sich mit der Besatzung zu Kriegsgefangenen zu ergeben. Nach der Eroberung dieser Festung blieb der General von Nassau bis zum 26ten Sept. bey Cosel stehen, während welcher Zeit er so wohl die Festung mit allem nöthigen versahe, als auch zu den fernern Unternehmungen gegen die in Oberschlesien befindliche österreichische Völker Anstalt machte.

Den 26 Sept. zog er durch die Hohlwege von Urbanowitz, und nahm das Lager bey Kossenthal. Den 27sten ward der Zug gegen Leobschütz fortgesetzet, woselbst die preussische von den Dragonern unterstützte Husaren die 700 Insurgenten, welche den Rückzug der gegenseitigen Völker, die bey Leobschütz gestanden, decken sollten, angriffen, und viele Gefangene machten. Da der General von Nassau von den Gefangenen mit Gewißheit erfuhr, daß alle gegenseitige Völker bey dem Hauptquartier Jägerndorf versammlet wären; so brach er den 28sten auf einem ganz unbekannten Wege dahin auf, um solche, wo möglich, zu überfallen. Allein so bald er ankam, zogen sich die österreichischen Völker längst der Oppava gegen Troppau zurück, wurden verfolgt, und verlohren einige 50 Gefangene. Dem königlichen Befehl zufolge durfte sich der General von Nassau, um Niederschlesien zu decken, nicht von der Neiß entfernen, er zog also den 30sten nach der Gegend von Roswalde, und hier blieb er bis zum 14 Oct. stehen. Nach der Ankunft des Generalmajors, Hans Carl von Winterfeld, welcher von dem Könige neue Befehle überbrachte, ward den 14ten Oct. der Zug nach Jägerndorf, den 15ten aber nach Troppau gerichtet. Der Feind hielt aber nicht Stand, und die Absicht, das von ihm befestigte Bergschloß Grätz zu besetzen, ward erreichet. Troppau, Jägerndorf und

Grätz

Grätz wurden besetzt, man schrieb bis in Mähren 1745. Brandschatzung aus, und es kam nur noch darauf an, die feindliche bey Hultschin stehende Macht aus dem preussischen Oberschlesien zu entfernen. Dieses ward den 20 Oct. bewerkstelliget. Man kam dem Feinde so unvermuthet auf den Hals, daß er kaum zu satteln Zeit hatte. Die preussische Husaren und Dragoner griffen mit der größesten Tapferkeit an, das Fußvolk nahm sich von Troppau bis Oderberg nicht die Zeit, mit ordentlichen Schritten anzurücken, sondern trabte, um nur bald zum Treffen zu kommen. Man trieb den Feind bis Oderberg, und setzte sich bey Schillersdorf. In der Nacht vom 20 zum 21sten verließ der Feind Oderberg, und zog sich nach Mähren. Den 22sten folgte der General von Nassau bis nach Borowa in Mähren, den 25sten aber gieng er nach Troppau zurück. Hier ordnete derselbe zu Bedeckung der königlichen Länder das Nöthige an, ließ auf 2 Monate Lieferung und Brandschatzung ausschreiben, und setzte sich, um so wohl den Feind irre zu machen, als die Beytreibung zu beschleunigen, den 11 Novembr. an der Spitze von 4000 Mann gegen Großhorlitz, nicht weit von der Mora, in Bewegung. Da aber der Gegentheil sich in der Gegend von Hof nicht allein ansehnlich verstärkte, sondern auch seine leichte Völker in der Gegend von Schweidnitz und im Gebürge Streifereyen verübten: so zog sich der General von Nassau den 14 Nov. nach Troppau zurück, und trat von da, um Niederschlesien zu decken, den Zug nach Frankenstein an. Das Regiment von Münchow blieb in Oberschlesien zurück, und besetzte unter dem Generalmajor, Bogislaf von Schwerin, die Neiß von Grotkau bis Otmachau. In die letztere Stadt rückte es den 5ten Dec. ein, und blieb bis zum erfolgten Friedensschluß daselbst stehen.

§. 3.

§. 3.
Von dem, was von 1746 bis 1756 vorgefallen.

1746. Zu Anfange des 1746sten Jahres gieng es aus Schlesien nach seinem ordentlichen Standlager Bran-
1747. denburg zurück. 1747 den 11 Jun. besahe es der Kö-
1748. nig auf der Reise nach Magdeburg, 1748 den 22 May,
1749. 1749 den 28 Junius, 1750 den 15 May, 1751 den
1750.
1751. 19 May, und 1752 im May ward es nebst mehrern
1752. Regimentern bey Potsdam gemustert, 1753 muste es
1753. zu den in dem grossen Lager bey Spandau versammel-
1754. ten Völkern stossen, 1754 ward es ebenfals bey Pots-
1755. dam gemustert, und 1755 den 23 Aug. rückte es in das Lager bey Spandau, woselbst verschiedene Tage hindurch allerhand kriegerische Uebungen gemacht wurden.

1756. 1756 den 29 August brach es von Brandenburg auf, um die Sache des Königs gegen Oesterreich und Sachsen vertheidigen zu helfen. Es gieng durch Sachsen mit den ersten Völkern, die der Generalfeldmarschall, Jacob von Keith führte, nach Böhmen, und wohnte der Schlacht bey Lowositz bey. In derselben stand es auf dem linken Flügel, welcher, sobald die preussische Reuterey sich aus der Ebene zurück gezogen hatte, von dem durch Lowositz hervordringenden österreichischen Fußvolk mit größester Wuth angefallen wurde. Die Bataillons von Münchow und von Itzenplitz, welche aus dem zweyten Treffen ins erste gezogen worden, hatten noch Pulver und Bley, und feuerten also auf den den Berg heran kommenden Feind, dahingegen das Regiment von Bevern und das Grenadierbataillon von Billerbeck, die ihr Pulver in dem Feuer, welches 5 Stunden beständig gedauert, meistens verschossen hatten, dem Feinde, so wie er den halben Berg herauf war, mit den Bajonets gerade

de auf den Leib giengen, welches Münchow und Itzen- 1756. plitz gleichfals thaten, und mit den Bajonets in die Rippen stieſſen, mit den Kolben hinter her ſchlugen, unter einander gemengt den Berg herunter liefen, und den Feind wieder nach Lowoſitz hinein trieben. Nach dieſer Schlacht 1) gieng es im November mit dem übrigen königlichen Heere nach Sachſen zurück, und ward unter Anführung des Generallieutenants Johann George von Leſtwitz mit einigen andern Regimentern 2), um die Gränzen der Lauſitz zu decken, in und um Zittau verlegt.

§. 4.
Von den Begebenheiten des im 1757 und 1758 Jahre eröfneten Feldzuges.

Der Winter gieng größtentheils ruhig vorüber, 1757. den 19 April verſammleten ſich alle in der Lauſitz gelegene Völker bey Zittau, um von dieſer Seite in Böhmen einzudringen, ſo wie ſolches zu gleicher Zeit von allen Abtheilungen des königlichen Heeres an verſchiedenen Orten geſchahe. In der Schlacht bey Reichenberg, welche den 21 April vorfiel, ſtand das Regiment im 2ten Treffen auf dem rechten Flügel unter der Abtheilung des Generalmajors, Friedrich Ludwig von Kleiſt. Mit Anbruch des Tages ward das eine Bataillon dieſes Regiments unter dem Obriſten, Julius Dietrich von Queis, das Grenadierbataillon von Waldau

---

1) In dieſer Schlacht wurden die Lieutenants, Guſtav Adolf von Bruyn, und Helmuth George Adam von Voß, 3 Unterofficiers, 1 Spielmann, und 53 Gemeine verwundet, 2 Unterofficier, und 31 Gemeine blieben auf dem Platze.

2) Es waren ſolches 2 Bataillons Jung Kleiſt, 2 Königl. Prinz Heinrich, 2 Münchow, 1 Grenadierbataillon Möllendorf, 5 Schwadronen Normann Dragoner, 10 Schwadronen Putkammer Huſaren.

1757. dau und 650 Pferde unter dem Husarenobristlieutenant, Carl Emanuel von Varneri, nach Kratzau zurück gesendet, um den österreichischen General, Grafen Joseph Siegmund von Maquire, der mit 7 Bataillons, 14 Schwadronen, 1000 Croaten, und 300 Husaren von Gabel kam, abzuhalten. Dieser General, welcher das Gepäcke und alle Mehlwagen wegzunehmen, und dem Herzoge von Bevern in den Rücken zu gehen, drohete, hatte sich dergestalt gesetzet, daß er Kratzau vor sich hatte. Die preussische Völker stellten sich in eine Linie, um stärker zu scheinen, der Gegentheil ward dadurch hintergangen, er trauete sich nicht, durch Kratzau vorzudringen. Es kam nur zu einem Stückfeuer. Der Feind ward von Schlagung einer Brücke über das Kratzauer Wasser abgehalten, ein Ingenieurofficier, 16 Zimmerleute gefangen genommen, ja auch das Brückengeräthe erbeutet. Der Obristlieutenant von Varneri verfolgte den Feind, machte noch 60 Gefangene, und erbeutete des Generals Maquire Calesche. Von preussischer Seite wurden nur einige Trommelschläger von Münchow, und ein Packwagen des Prinzen, Friedrich Eugen von Würtemberg, verlohren.

Nach dieser Schlacht rückte das Regiment mit den übrigen unter dem Oberbefehl des Herzogs von Bevern stehenden Völkern näher gegen Prag. Zu der Zeit, als bey Prag das merkwürdige Treffen vorfiel, stand es in Jung Bunzlau. Es muste sodenn die Völker verstärken, welche unter dem Herzoge, August Wilhelm von Braunschweig Bevern, nach der Gegend von Collin gesendet wurden. Hier setzte es fast täglich Scharmützel. Zu Anfang des Junii nahm der Herzog das Lager bey Kuttenberg. Der überlegene Feind brach den 12 Jun. auf, um nicht allein den Entsatz von Prag zu versuchen, sondern auch dem Herzoge in den Rücken zu gehen. Die zahlreiche feindliche leichte Völker verhinderten, daß unsere zu Beobachtung der

feind=

feindlichen Bewegungen ausgesendete Partheyen keine 1757. hinlängliche Nachrichten geben konnten, und von den Landeseinwohnern, die den Preussen nicht wohl wollten, war gleichfals nichts in Erfahrung zu bringen. Der Herzog schickte also in der Nacht vom 12ten zum 13ten Jun. den Generallieutenant Hans Joachim von Ziethen ab, um des Feindes Zug und Absichten zu entdecken. Dieser Feldherr hatte alle Husaren, etwas Reuterey, die zwey Grenadierbataillons von Wangenheim und von Nimschewski, ein Bataillon des Regiments Münchow, und ein Bataillon des Regiments Manteufel bey sich. Bey Anbruch des Tages fand er das feindliche Heer bereits eine Stunde von des Herzogs Lager entfernet und in völligem Zuge. Er kam fast zwischen ihre Abtheilungen. Das kleine Feuer nahm den Anfang, diesem folgte das aus dem groben Geschütze. Der General von Ziethen zog sich mit wenigem Verlust zurück, setzte sich auf eine Anhöhe, und blieb stehen, bis der Herzog mit dem ganzen Heere aufbrechen konnte, machte sodenn den Nachzug, und stieß hinter Kuttenberg wieder zu dem Heere. Auf diesem ganzen Zuge ward kein Wagen verlohren, unerachtet der Feind Mittel gefunden, einige Dämme zu durchstechen, und den kleinen Bach bey Kuttenberg so aufzuschwellen, daß die Preussen bis unter die Arme durch das Wasser gehen musten. Die feindliche Reuterey ward durch das Stückfeuer zurückgewiesen. Der Herzog nahm das Lager bey Collin, und man blieb die Nacht durch ohne Zelter und unter dem Gewehr liegen, weil man ein Treffen für unvermeidlich hielt. Der König war mit einer Verstärkung an diesem Tage bey Kaurzim angelangt. Der Herzog stieß den 14ten zu selbigem, ohne verfolgt zu werden, den 17ten zog man links ab, blieb die Nacht hindurch auf freyem Felde, und trat den 18ten sehr frü den Zug an, um den Feind anzugreifen. In dieser merkwür-

v. Kleist. B bigen

1757. digen Schlacht bey Collin hatte das Regiment starken Verlust 3). Nach diesem blutigen Vorfall gieng es unter Anführung des Herzogs von Bevern nach Schlesien. Als das Heer den 10 Aug. in dem verschanzten Lager bey Liegnitz stand, ward der Hauptmann von Kamecke, (siehe unten Num. 68 unter den abgegangenen Officiers,) befehliget, mit 200 Mann einen Damm vor dem linken Flügel des Heeres zu besetzen. Dem Feinde war an diesem Passe viel gelegen, theils um den Abzug des Herzogs zu hindern, theils das preussische Heer zu beunruhigen. Er grif also denselben mit einem sehr lebhaften Stückfeuer an. Der Hauptmann von Kamecke vertheidigte sich mit ausserordentlicher Standhaftigkeit und Klugheit, trieb den unaufhörlich andringenden Feind beständig zurück, und behauptete seinen Posten, unerachtet des sechs Stunden lang gedauerten Feuers, welches ihm über die Hälfte seiner Mannschaft kostete, mit größesten Ruhm. Der Zug ward darauf nach Breslau, um diese Stadt zu decken,

3) Der Hauptmann, Friedrich Wilhelm von Stapel, und die Premierlieutenants, Johann Christoph von Berner, und Caspar Otto von Nostitz, wurden getödtet, und die Lieutenants, Moritz Eggert von Briesewitz, Anton Leberecht von Legat, und George Werner von Böck verwundet und gefangen. Die Anzahl der Todten und Vermisseten belief sich auf 6 Officiers, 28 Unterofficiers, 8 Spielleute, 7 Zimmerleute, und 329 Gemeine. Verwundet wurden der Obriste, Julius Dietrich von Queis, der Obristwachtmeister, Johann Siegmund von Lehwald, die Hauptleute, Fabian Wilhelm von Schönaich, Otto Siegmund von Unruhe, Daniel George von Radecke, der Stabshauptmann, Johann Ferdinand von Falkenhain, die Lieutenants, George Dietrich von Lossow, Johann Wilhelm von Bandemer, Friedrich Wilhelm von Münchow, Casimir Friedrich Ernst von Schmettau, Johann Joachim Friedrich von Brietzke, Gottfried von Schmiedeberg, Johann Christoph von Campieur, Ernst Ephraim von Rätzdorf, der Fähnrich, Moritz von Kleist, 34 Unterofficiers, 4 Zimmerleute, 534 Gemeine.

cken, fortgesetzet, wo man den 1 Oct. anlangte. Nach 1757. der Eroberung von Schweidnitz grif die vereinigte österreichische Macht den Herzog von Bevern in dem verschanzten Lager bey Breslau an. In diesem Treffen stand das Regimeut auf dem linken Flügel, den der Generallieutenant Hans Joachim von Ziethen befehligte, und gehörte zu der Abtheilung des Generalmajors, August Gottlob von Bornstedt. Der linke Flügel und auch dieses Regiment litte wenig 4). Letzteres muste noch vor Endigung des Treffens die von dem Grenadierbataillon von Schenkendorf erbeutete vier Stücke abholen, und zum Heere bringen. Nach dieser Schlacht rückte es mit den übrigen Völkern unter Anführung des gedachten Generallieutenants nach Glogau, vereinigte sich mit dem Heere, das der König aus Sachsen herbey führte, bey Parchwitz, und wohnte den 5 Dec. dem rühmlichsten Treffen bey Leuthen bey. In demselben stand es anfänglich im zweyten Treffen, und gehörte zu der Abtheilung des Generalmajors, Johann Albrecht von Bülow. Sobald aber die Schlacht 5) angegangen war, muste es ins erste Treffen einrücken, und bekam seinen Platz zwischen den Regimentern Garde und Marggraf Karl, hatte auch an diesem Sie-

ge

4) Es ward nur ein Unterofficier getödtet, und ein Gemeiner verwundet.

5) Der Oberlieutenant, George Dietrich von Lossow, 19 Unterofficiers, und 142 Gemeine wurden getödtet. Der Obriste, Julius Dietrich von Queis, die Obristwachtmeister, Johann Friedrich von Asseburg, und Ludwig von Gohr, die Hauptleute, Johann Adam Henning von Kamecke, Adam Friedrich von Görne, Fabian Wilhelm von Schönaich, Otto Siegmund von Unruhe, Daniel George von Radecke, Johann Christoph von Treskow, die Lieutenants, Johann Wilhelm von Bandemer, Carl Friedrich von Bock, Franz Dietrich von Wobser, Johann Philipp von Koven, Johann Joachim Friedrich von Brietzke, der Fähnrich, Albrecht Christoph von Brietzke, 18 Unterofficiers, 3 Spielleute, und 249 Gemeine wurden verwundet.

ge 6) grossen Antheil. Bald darauf ward es in der Belagerung vor Breslau gebraucht. In der Nacht vom 10ten auf den 11ten Dec. ward der Generallieutenant, Friedrich Wilhelm Querin von Forcade, der die beyde Generalmajors, George Friedrich von Oldenburg und Johann Albrecht von Bülow unter sich hatte, befehliget, mit den Regimentern Fußvolk, Kalkstein, Münchow und Würtemberg, wie auch dem Freybataillon von le Noble sich in der ohlauschen Vorstadt, und zwar in dem barmherzigen Brüderkloster, auf dem Moritzkirchhofe und den daran gelegenen Häusern zu setzen, und die Panduren daraus zu vertreiben. Das Regiment stand bey dieser Belagerung in Ansehung der rauhen Jahreszeit viel aus. Während des Winters ward es zur Einschliessung von Schweidnitz gebrauchet, und kam in Nitschkendorf und Rothen-Kirschdorf zu liegen. Nach der Eroberung von Schweidnitz trat es unter Anführung des Generallieutenants, Joachim Christian von Treskow den Zug nach Mähren an. Es vertrieb mit wenigem Verlust die Oesterreicher, welche Littau besetzet hatten. Da dieser Ort ein Hauptpaß zu dem Heere des Königs war: so wurden 200 Mann des Regiments Manteufel, das 1ste Bataillon von Münchow, und 12 grosse Stücke dahin gelegt, um denselben zu behaupten. Währender Belagerung schloß eine ansehnliche österreichische Macht diesen Ort ein, acht Grenadierbataillons und ungefähr 1000 Croaten wurden bestimmt, denselben mit Sturm wegzunehmen. Da aber die letztern, welche den ersten Angrif thaten, übel abgewiesen wurden: so lies der Gegentheil dieses Vorhaben fahren. Nach Aufhebung der Belagerung von Olmütz rückte das Regiment nach Böhmen bis Königingrätz, von da gieng es nach Schlesien

6) Der König schrieb an den Generalmajor, Friedrich August von Fink, damaligen Commendanten in Dresden: Carl und Münchow haben Wunder gethan.

sien zurück, und blieb, als der König den Russen sich 1758. entgegen setzte, bey denjenigen Völkern, welche unter Anführung des Marggrafen Karl bey Sagan stehen blieben. Nach der Schlacht bey Zorndorf zog es sich nach Sachsen, und von da, um den Entsatz von Neiße zu bewirken, nach Schlesien. Im Nov. sollte es, nachdem Neiße entsetzet worden, wieder nach Sachsen rücken, erhielt aber, als es schon bis Bautzen gekommen war, Gegenbefehle, und ward nach Frankenstein in die Winterläger verlegt, woselbst es im Nov. einrückte, und an den Befehl des Generalmajors, August Wilhelm von Braune, gewiesen ward.

§. 5.
Von den Begebenheiten im 1759sten Jahre.

Im folgenden Jahre diente es anfänglich in 1759. Schlesien. Als aber der Prinz Heinrich im Sept. durch die Lausitz nach Sachsen gieng, war es gleichfals bey diesem Zuge, und wohnte dem Gefechte bey Hoyerswerde bey. Da im Oct. sich die österreichische Hauptmacht näherte, fiel den 25sten das bekannte Gefechte bey Domitsch vor, in welchem der österreichische General von Gemmingen gefangen genommen ward. Von dem Regimente blieb in diesem Gefechte der Obristwachtmeister von Kamecke, (siehe Num. 68 der abgegangenen Officiers,) auf dem Platze. Der König kam darauf mit einer Verstärkung aus Schlesien an; das Heer, unter welchem auch dieses Regiment war, rückte bis in die Gegend von Dresden vor. Der König sendete, um dem Gegentheil in den Rücken zu gehen, den Generallieutenant, Friedrich August von Fink, mit einigen 1000 Mann nach der Gegend von Maxen. Dieser Feldherr schickte den General=

1759. major, Johann Jacob von Wunsch, mit den beyden Fuselierregimentern Hessencassel und Münchow, wie auch etlichen Compagnien des Freybataillons Salenmon nach Dohna, woselbst er einige Höhen besetzte, welche Tiefen und einen kleinen Bach vor sich hatten. Der General von Wunsch ward noch an eben dem Tage von dem ganzen Reichsheere und 10 Bataillons Panduren angegriffen. Er trieb die letztern aller Orten ab, hielt die erstern zurück, und behauptete seinen Posten bis zum 21ten Nov. mit der größesten Ordnung. An diesem Tage früh waren die Compagnien von Salenmon, und die Regimenter Hessencassel und Münchow bereits in Bewegung gesetzt, um sich mit dem Degen in der Faust den Weg durch die Feinde zu eröfnen, als der Befehl von dem General von Fink einlief, daß diese Regimenter das Schicksal der übrigen bey Maxen stehenden Völker haben sollten, und in die Kriegsgefangenschaft 7), vermöge der bereits eingegangenen Bedingungen, verfallen wären. Sie wurden also mit den übrigen nach den österreichischen Erblanden in die Gefangenschaft abgeführet.

§. 6.

7) Bey dieser Gelegenheit fielen von dem Regimente folgende Officiers in die Kriegsgefangenschaft. 1) Der Obriste, Johann Friedrich von Asseburg; dieser ward krank nach Ofen gebracht. 2) Der Obristlieutenant, Johann Siegmund von Lehwald, bekam Urlaub, auf sein Ehrenwort zurück zu gehen. Die Obristwachtmeister, 3) Ludwig von Gohr, 4) Johann Christoph von Woldeck, und 5) Otto Siegmund von Unruhe. Diesen ward Mautern in Oesterreich zum Ort ihres Aufenthalts angewiesen. Die Hauptleute, 6) Johann Friedrich von Wagenknecht, 7) Daniel George von Radecke, 8) Moritz Eggert von Briesewitz, 9) Carl Friedrich v. Bock. Die Premierlieut. 10) Philipp Lambert v. Beauvrye, 11) Ferdinand Gottlob v. Mickuliz, 12) Casimir Friedrich Ernst v. Schmettau, 13) Helmuth George Adam v. Voß, 14) Franz Dietrich v. Wobser, 15) Gottfried v. Schmiedeberg, 16) Johann
Joachim

§. 6.
Von den Begebenheiten des neuerrichteten Bataillons bis zur Eroberung von Schweidnitz.

Nachdem das Regiment bey Maxen in die Ge- 1760.
fangenschaft gerathen, ließ der König im folgenden
Jahre zu Berlin ein neues Bataillon errichten. Die
von ihren Wunden oder Krankheiten Wiedergenesene
wurden dazu genommen, und der Abgang durch Neu-
geworbene ersetzet. Der königliche Flügeladjutant und
Hauptmann, Ludwig Gottlieb von Beville, muste
daſſelbe auf besonderen königlichen Befehl in den Waffen üben, und es ward zur Besatzung in die Festung
Schweidnitz verlegt. Folgende Officiers, welche
theils ausgewechselt worden, theils bey dem Vorfall
von Maxen nicht gegenwärtig gewesen, theils bey andern Regimentern stunden, wurden dazu gesetzet:

1. Als Joachim Fridr. v. Britzke, 17) Joh. Chstph. v. Campieur, 18) Moritz v. Kleist. Die Secondelieut. 19) Gottlob Heinrich von Rodewitz, 20) Marius Carl Couwermann, 21) Otto Siegfried von der Osten, 22) Johann Müller, 23) Daniel Michael Carl von Ingermann, 24) Friedrich Wilhelm von Below, 25) Carl Detlof von Berg, 26) Ludwig Siegmund von Versen, 27) Christian Ernst von Gruben, 28) Matthias Heinrich von Grell, 29) Carl Wilhelm von Marwitz. Die Fähnrichs, 30) Franz Ludwig von Selazinski, 31) Carl Ludwig Bogislaf von Götze, 32) Johann Friedrich Müller, 33) Jacob von Szuplinski, 34) Friedrich Franz von Zitzwitz, 35) August Carl von Birkholz, 36) Ludwig Wilhelm von Frorreich. Alle diese Herren wurden nach Tyrol, nur die Herren Lieutenants von Briezke, und von Kleist nach Mautern, gebracht. Ferner fielen in die Kriegsgefangenschaft: 1 Regimentsquartiermeister, 1 Auditeur, 1 Regimentsfeldscheer, 8 Feldwebel, 25 Sergeanten, 2 Fouriers, 5 Feldscheerer, 43 Corporals, 4 Hautboisten, 27 Trommelschläger, 12 Zimmerleute, 1056 Gemeine, zusammen 1185 Mann, noch ein Feuerwerker, und 11 Canonier.

Fuselierregiment

1759.
1. Als aggregirter Obristwachtmeister, Herr Maximilian Rudolph von Unruhe 8).
2. Herr Hauptmann, Johann Wilhelm von Bandemer, siehe Num. 97 unter den abgegangenen Herrn Officiers.
3. Herr Stabshauptmann, Carl Ernst von Kalkreut, siehe Num. 78 unter den abgegangenen Herrn Officiers.
4. Herr Stabshauptmann, Johann Wilhelm Sattler, war vom itzenplitzischen Besatzungsregimente.
5. Herr Pr. Lieut. Hans Bogislaf von Schwerin.
6. Herr Pr. Lieut. Casimir Friedrich Ernst von Schmettau.
7. Herr Pr. Lieut. David Siegmund Michaelis, vom itzenplitzischen Besatzungsregimente.
8. Herr Second. Lieut. Johann Christoph Schönemann.
9. = = = Johann Georg Rose.
10. = = = Franz Ignaz Herzberg.
11. = = = Adam Ferdinand Heinrich Niehof.
12. = = = Johann Friedrich Haupt.
13. Herr Fähnrich, Johann von Mißbach.
14. = = = Friedrich Wilhelm von Liptay.
15. = = = Gotthilf von Versen.
16. = = = Friedrich von Lüderitz.

1760.
1761. Im Monat Merz 1760 ward es nach Schweidnitz gelegt. Als den 1 Oct. 1761 dieser Platz von den österreichischen General Gideon von Laudohn erobert ward,

---

8) Er stand vorher bey dem Regimente Derschau als Hauptmann, ward 1756 Obristwachtmeister des aus sächsischen Völkern errichteten Regiments von Wiedersheim, und starb 1762 zu Königingrätz an der in dem Sturm auf Schweidnitz empfangenen Wunde. Man sehe von ihm das Regiment Nassau Usingen.

ward, hatte es keinen besondern Posten zu vertheidi=1761.
gen, sondern war zur Besatzung verschiedener Werke
unter die übrige daselbst stehende Bataillons vertheilet,
und hatte also das Schicksal der ganzen Besatzung, in
die Kriegsgefangenschaft zu kommen. Man wieß den
sämtlichen kurz vorher namhaft gemachten Herren Of=
ficiers Heimburg in Oesterreich zu ihrem Aufenthal=
te an.

1763 kam das Regiment nach hergestelltem Frie=1763.
den aus der Kriegsgefangenschaft zurück. Das Re=
giment von Röbel ward demselben einverleibt, und es
ward von neuem nach Brandenburg gelegt.

§. 7.
Von den Feldzügen der beyden Grenadier=
compagnien von 1740 bis 1742.

Im December brachen die zwey Grenadiercom=1740.
pagnien 9) münchowschen Regiments aus Potsdam
nach Berlin auf. Sie vereinigten sich mit den zwey
Grenadiercompagnien des anhaltzerbstischen Regiments,
und der Obristwachtmeister von Saldern, (siehe Num.
39 der abgegangenen Herrn Officiers,) ward Anfüh=
rer dieses Bataillons. Den 15 Dec. rückten die zwey
Grenadiercompagnien von Münchow aus Potsdam in
Berlin ein, an welchem Tage solches auch von den 2
Compagnien des Regiments von Anhalt Zerbst ge=
schahe.

9) Folgende Officiers thaten diesen Feldzug als Grenadieroffi-
ciers: 1ste Grenadiercompagnie, Hauptmann, Julius
Dietrich von Queis. Prem. Lieut. Johann Friedrich
von Wierszbizki, Second. Lieut. Hans George von Plötz,
und Otto Siegmund von Unruhe. Zweyte Grenadiercompagnie, Hauptmann, Johann Friedrich von Asseburg,
Prem. Lieut. Johann Christoph von Lüderitz, Second.
Lieut. Friedrich Wilhelm von Stabel, Julius Ferdinand
von Walter.

1740. schaße. Den 16 Dec. ward der Zug nach Schlesien angetreten. Das Marggraf karlsche Regiment brach zugleich mit auf, der Marggraf Karl führte diese Völker, welche auch einen Zug von schwerem Geschütz mitnahmen. Den 20sten kam man zu Frankfurt an der Oder, und den 22sten zu Crossen an. Hier ward, um das Leibregiment zu Pferde, und das platensche Dragonerregiment zu erwarten, Halt gemacht. Weil aber Befehl einlief, den Zug, ohne die Reuterey abzuwarten, gegen Glogau fortzusetzen: so brach alles den 25sten auf, und zog sich über Schweidnitz, Siegersdorf und Neustädel. Den 29 Dec. kam der Marggraf mit 7 Bataillons 10) vor Glogau an, dahingegen die Völker, welche diese Festung bis dahin eingeschlossen gehalten, sich zu des Königs Heer zogen. Das Grenadierbataillon von Reibitz ward in die in der Vorstadt von Glogau gelegene Schanze, der Zerb genannt, und das dabey gelegene Dorf, die übrige 6 Bataillons aber in die disseit der Oder gelegene Dörfer verleget.

Bey dem Sturm auf Glogau, der die Eroberung dieser Festung nach sich zog, und den 9 Merz unternommen ward, hatte dieses Grenadierbataillon seinen angewiesenen Platz bey der abgebrochenen Oderbrücke, drang durch das alte Thor in die Stadt, und hatte an dem Ruhme dieses Tages einen erheblichen Antheil. Vom 16ten bis 18 Merz blieb es in Glogau liegen, sodenn zog es zu des Königs Heer bis gegen Neiße. Hier langte es den 2 April an, muste aber nach der Gegend von Lassot und Sorge zurück gehen. Daselbst ward den 6ten eine Brücke über die Neiße geschlagen. Den 7ten muste

---

10) Es waren solches die zwey Bataillons des Regiments Marggraf Karl, und die 5 Grenadierbataillons, welche von den Obristwachtmeistern, von Bolstern, von Kleist, von Saldern, von Götz, und von Reibitz befehliget und benennet wurden.

muſte das Bataillon von Saldern mit den Huſaren 1741. über dieſe Brücke gehen, um die feindliche Huſaren aus den vorliegenden Dörfern zu vertreiben. Dieſes geſchahe, unerachtet in einer Entfernung davon die ganze öſterreichiſche Macht befindlich war. Das heftige Stückfeuer der Feinde nöthigte die Huſaren und Grenadiers ſich wieder zurück zu ziehen. Die Brücke ward abgebrochen, der Lieutenant von den zerbſtiſchen Grenadiers, Hans Chriſtoph von Billerbeck, muſte mit einigen Grenadiers ſo lange jenſeits der Neiße ſtehen bleiben, bis alle Brückenſchiffe ausgehoben waren, da er denn mit ſeiner Mannſchaft in einigen Kähnen nachgeholet ward. Es wohnte darauf der merkwürdigen Schlacht bey Molwitz bey, und ſtand in derſelben im 2ten Treffen auf dem linken Flügel unter dem Befehl des Generalmajors, Carl Wilhelm von Bredow. Der Verluſt 11) deſſelben war nicht ſehr beträchtlich. Nach dieſer Schlacht muſte es über die Oder rücken, und die Feſtung Brieg auf jener Seite einſchlieſſen helfen, war auch bey der förmlichen Belagerung dieſes Platzes etlichemal in den Laufgräben. Nachdem Brieg den 4 May erobert worden, bezog das Heer, unter dem auch dieſes Bataillon war, das Lager bey Grotkau. Aus dieſem brach es den 8 Jun. auf. Der König gieng mit Dragonern und Huſaren voraus, um die feindliche Völker, welche in dem Dorfe Friedewalde ſtunden, zu vertreiben. Ein Theil des ſaldernſchen Bataillons muſte

---

11) Man hat keine Nachricht, wie viel die Grenadiercompagnien münchowſchen Regiments in dieſer Schlacht verlohren. In einem gedruckten Verzeichniſſe des ſämtlichen Verluſts in dieſer Schlacht findet ſich, daß das ſaldernſche Bataillon an Todten, 1 Hauptmann, 1 Lieutenant, 4 Unterofficiers und 24 Gemeine, an Verwundeten, 2 Unterofficiers und 16 Gemeine, an Vermiſſeten, 13 Gemeine, gezählet. Siehe geſammlete Nachrichten den gegenwärtigen Zuſtand des Herzogthnms Schleſien betreffend. (1741 in 8.) 1ſter Band, S. 474 bis 477.

1741. muſte vorrücken, und das Geſchütz, durch welches das gedachte Dorf in Brand gebracht ward, bedecken. Der Feind verließ darauf dieſen Poſten. Den 20ten Oct. trennete ſich der Obriſtwachtmeiſter von Saldern mit den 2 Grenadiercompagnien münchowſchen Regiments, und führte ſolche nach Breslau in die Winterläger, welche die Compagnien zerbſtiſchen Regiments in den Dörfern Löwen und Michelau bekamen.

1742. Als der König zu Anfang des folgenden Jahres eine Winterunternehmung gegen Mähren zu veranſtalten, nöthig fand, die in Oberſchleſien vertheilte Regimenter auch bereits unter Anführung des Generalfeldmarſchalls, Grafen Curt Chriſtoph von Schwerin in Mähren eingedrungen, und Olmütz weggenommen hatten; ſo bekam der Obriſte des du moulinſchen Fuſelierregiments, Heinrich Auguſt, Freyherr de la Motte Fouque, Befehl, an der Spitze eines ihm anvertrauten Grenadierbataillons, das aus 2 Compagnien von Jung Dohna, 2 von Münchow und 2 von du Moulin beſtand, nach Mähren zu rücken. Den 14 Febr. gieng er mit dieſen 6 Compagnien aus Breslau ab, und ſetzte ſeinen Zug über Neiße, Neuſtadt und Jägerndorf fort. Bey Betretung der mähriſchen Gränze gab er die ſtrengſte Befehle zu Beobachtung der genaueſten Mannszucht, ſorgte aber auch zugleich für den überflüſſigen Unterhalt des Bataillons. Er zog über Bentſch und Bautſch bis Fulneck. Hier erhielt er Nachricht, daß einige 1000 mit Gewehr verſehene Salzbauern ſich zuſammen zögen. Er ſetzte aber dennoch ſeinen Zug nach Neutitſchein fort. Weil er ſeinen Befehlen zufolge an dieſem Orte einige Tage ſtille liegen muſte, machte er daſelbſt alle Vertheidigungsanſtalten, um gegen die Anfälle der Bauern in Sicherheit zu ſeyn. Er ließ um die Stadt einen Verhack von Bäumen machen, auf den Mauern Erhöhungen, ſeine Mannſchaft darauf zu ſtellen, errichten, und auf die

die Thürme Wachen setzen. Diese letztern entdeckten 1742. den Zusammenlauf der Bauern, er brach aber doch auf, und machte einen mit einem Feldstücke versehenen Vorderzug. Kaum war er durch die Vorstadt gezogen: so erblickte er schon den in den Gebüschen und hohlen Wegen stehenden Feind, der Vorderzug feuerte einigemal aus dem kleinen Gewehr, das Feldstück ward gleichfals einigemal abgefeuert, der Feind ward zerstreuet, und der Zug ungehindert über Leibnick nach Prerau fortgesetzet. Hier erhielt der Obriste Befehl, nach Cremsir zu rücken, und diesen Platz zu besetzen. Dieses geschahe, und der Auftrag, den sämtlich in Mähren stehende Völker bekamen, Brandschatzung einzutreiben, und die Vorrathshäuser zu füllen, ward vollzogen. Gegen Ende des Merz verließ der König die gegen die österreichsche Gränze liegende Orte, die Einschliessung von Brünn ward aufgehoben, und des Königs Heer zog sich nach Böhmen. Das Bataillon von Fouque hatte bereits eine starke Tagereise hinter Olmütz zurück geleget, als die Compagnien von Münchow Befehl bekamen, wieder nach Olmütz zurück zu ziehen, und den Fürsten, Dietrich von Anhalt, der daselbst befehligte, zu verstärken. Hier stiessen sie mit 2 Grenadiercompagnien des alt anhaltischen Regiments zusammen, und bekamen den königlichen Flügeladjutanten und Obristwachtmeister, Friedrich Otto Leopold, Reichsgrafen Fink von Finkenstein, zum Anführer. Als Olmütz geräumet ward, machte dieses finkensteinische Bataillon den Nachzug. Es hatte zugleich den Befehl, die Brücken rund um diesen Ort abzubrechen. Hierbey fiel ein starker Scharmützel vor. Bis Sternberg hörten die Oesterreicher nicht auf, den ganzen Tag auf den Nachzug loszudrängen. Dieses Bataillon zog 6 Tage und 6 Nächte, ohne eine gewisse Stunde anzuhalten, bis Troppau fort, wo sich die unter dem Fürsten Dietrich von Anhalt stehende Völker

1742. ter zuerst setzten. In Oberschlesien bekam das finkensteinische Bataillon das Dorf Lasko, so an der Oppa zwischen Troppau und Jägerndorf lieget, zu besetzen, und hier blieb es unter dem Oberbefehl des Fürsten Leopold von Anhalt Dessau, eines der größesten Feldherrn unsers Jahrhunderts, bis zu dem im Junius 1742 geschlossenen Breslauer Frieden stehen.

§. 8.
Von den Begebenheiten der Grenadiercompagnien in den beyden Feldzügen von 1744 und 1745.

1744. 1744 im August giengen die beyden Grenadiercompagnien von neuem durch Sachsen nach Böheim, um die Rechte Kaiser Carls des VII als Hülfsvölker gegen Oesterreich zu vertheidigen. Sie stießen mit den 2 Grenadiercompagnien des Fusilierregiments königl. Prinz Heinrich zusammen, und dieses Grenadierbataillon bekam den Obristwachtmeister und Flügeladjutanten, Friedrich August von Fink, zum Anführer. Es wohnete der Belagerung von Prag bey. Nach der Eroberung dieser Stadt ging die Veränderung vor, daß die Grenadiercompagnien von Prinz Heinrich abgiengen, und hingegen die von du Moulin darzu stießen, auch der Obristlieutenant und Flügeladjutant, Heinrich Karl Friedr. von Saint Surin zum Anführer dieses Bataillons ernennet ward. Unter diesem würdigen Anführer legte es insbesondere den 9 Oct. bey Theyn an der Muldau in Böheim grosse Ehre ein. Der König fand für gut, den 8ten, weil die Stellung des Gegentheils gar zu vortheilhaft war, und keinen Angrif erlaubte, bey Thein über die Muldau zurück zu gehen. Der Nachzug bestand aus den zwey Grenadierbataillons von Saint Surin und Geist, diese hielten 8 bis

9000

9000 Mann, welche sie einschliessen wollten, so lange 1744. ab, biß die beyde Husarenregimenter von Ruesch und von Zieten zur Unterstützung anlangten, da denn der Gegentheil zurückgetrieben ward. Der Obristlieutenant von Saint Surin ward hart verwundet, welches Schicksal auch von den münchowschen Grenadiercompagnien der Hauptmann von Asseburg, (siehe Num. 75 der abgegangenen Officiers,) und der Lieutenant Johann Friedrich von Wagenknecht hatten, wie denn auch 12 Grenadiern von der münchowschen Compagnien erschossen wurden.

Nach diesem Vorfall trug sich mit diesem Grenadierbataillon eine neue Veränderung zu. Der Obristlieutenant Saint Surin konnte wegen empfangener Wunde nicht weiter Dienste thun. Die Grenadier wurden also im Oct. abermals getrennet, die münchowsche stiessen zu den vom boninschen Regimente, und bekamen den Obristwachtmeister und Hauptmann der königl. Garde, Carl Wilhelm von Jeetz, zum Anführer. Von Thein aus hatte der Generallieutenant Christoph Ernst von Nassau nebst mehrern auch die Regimenter von Münchow und Bonin, sowol als ihre Grenadiercompagnien unter seinem Oberbefehl. Dieses Grenadierbataillon war also bey den Zügen, die dieser Feldherr bis gegen Cammerburg und zu Ende des Oct. nach Collin zurück machte. In Pardubitz war ein starker Vorrath von Lebensmitteln befindlich. Die österreichische Völker machten den 19ten Oct. einen Versuch, die preussische Bedeckung zu überrumpeln, die Grenadierbataillons von Jeetz und von Schöning musten also unter der Anführung des Obristen vom schlichtingischen Regimente, Andreas Erhard von Gaudi, aufs geschwindeste sich gegen Pardubitz ziehen, und kamen zu Behauptung dieses Posten glücklich an. Nachdem das österreichische Heer über die Elbe gegangen, ward Pardubitz verlassen, und das Bataillon stieß wieder zu dem

königl.

1744. königl. Heere, gieng mit demselben nach Schlesien zurück, und ward zuerst nach Friedland, hernach aber nach Thannhausen an der Grenze von Böheim verlegt.

1745. Im folgenden Jahre stieß es zu denjenigen Grenadierbataillons, welche unter dem Generallieutenant Peter Ludwig du Moulin den Vorderzug des königl. Heeres ausmachten. In dem den 4 Junius vorgefallenen rühmlichen Treffen bey Hohenfriedberg war es gleichfals bey dem Vorderzuge unter dem vorgedachten General, und ward so wie die übrige Grenadierbataillons von dem Generalmajor Hans Karl von Winterfeld befehliget. Der General du Moulin setzte sich gleich zu Anfang des Treffens auf eine Höhe zur Rechten der preussische Reuterey. Das Bataillon von Jeetz hätte fast gar keine Einbuße, es wurden nur zwey Gemeine getödtet, und einer vermisset. Nach dieser Schlacht gieng es mit dem königl. Heere nach Böheim, und wohnte dem Treffen bey Soor bey. In dieser stand es in Staudentz, und deckte vorn den Anzug des Heeres, hernach sties es zu dem Grenadierbataillon von Stange, welches in Burkersdorf stand, und die linke Seite des Heeres deckte. Nachdem das Heer Böheim im Oct. verließ, und nach Schlesien zurückgieng, ward das Bataillon nach Friedland an die boheimische Gränze verlegt. Es blieb bis zum Dresdener Frieden in Schlesien, von da es im Jenner 1746 nach Brandenburg und Magdeburg als den Besatzungsorten der beyden Regimenter, Münchow und Bonin zurückkehrte.

§. 9.
Von den Feldzügen im 1756 und 1757 Jahre.

1756. 1756 erschienen die preussische Völker nach einer zehenjährigen Ruhe abermals auf dem Kriegsschauplatze.

ze. Die Grenadiercompagnien von Münchow stiessen 1756. zu den Grenadiercompagnien des Fuselierregiments, königl. Prinz Heinrich von Preussen, und dieses Grenadierbataillon bekam den Obristwachtmeister von Schenkendorf, (siehe Num. 67 unter den abgegangenen Officiers,) zum Anführer. Als es im Sept. unter der Anführung des Königs in Sachsen anlangte, ward es sogleich zur Einschliessung des sächsischen Lagers bey Pirna gebrauchet. Da der König zu Ende dieses Monats mit einem Theile des Heeres nach Böheim ging, muste sich der Obristwachtmeister von Schenkendorf mit seinem Grenadierbataillon, einem Bataillon des Regiments Prinz Ferdinand von Preussen, und zwey Schwadronen des Dragonerregiments Normann bey Hellendorf setzen, hernach aber, als der Generalmajor Friedrich Wilhelm Querin von Forcade den Posten vor Schandau verließ, nach Schandau rücken. Hier dauerte der Aufenthalt nur 24 Stunden. Das Grenadierbataillon ward auf etlichen Kähnen über die Elbe gesetzet, und rückte unter dem Generalmajor von Forcade dichte hinter den Verhack bey dem Lilienstein, hinter welchem sich das sächsische Heer zu Kriegsgefangenen ergab. Gleich nach dieser grossen Begebenheit muste es zu dem Heere nach Böheim ziehen, und kam bis nach Linay. Von da gieng es mit dem Heere nach Sachsen zurück, und bekam sein Winterlager zu Freyberg, woselbst der Generalmajor Johann Dietrich von Hülsen, den Oberbefehl hatte.

Im April des folgenden Jahres gieng es aber- 1757. mals nach Böheim. Das Heer war bereits bis jenseit Linay vorgeruckt, als dieses Grenadierbataillon Befehl bekam, sich rückwärts zu ziehen, Aussig zu besetzen, und dadurch die von Dresden auf der Elbe zum Heere gehende Zufuhr, die bis dahin von den feindlichen leichten Völkern, welche das jenseitige Ufer dieses Strohms und den Schreckstein besetzet hatten, sehr be-

v. Kleist. C unruhi-

1757. unruhiget hatten, sicher zu stellen. Es ward aber bald zu Auſſig abgelöſet, muſte dem Heere folgen, und ſtieß kurz vor Prag zu ſelbigem. Während der Schlacht bey Prag muſte es noch mit mehrern Völkern unter Anführung des Fürſten Moritz von Anhalt an die Moldau rücken, um dem Feinde den Rückweg abzuſchneiden, jedoch die zum Brückenbau nöthige Schiffe langten zu ſpäte an, und dieſes Vorhaben ward dadurch vereitelt. Als Prag nach dieſer Schlacht völlig eingeſchloſſen ward, kam es ganz auf dem linken Flügel zu ſtehen, deſſen äuſſerſte Spitze es ausmachte, und dieſe Stellung behielt es, ſo lange die Belagerung dauerte. Bey dem Abzuge von Prag war es das letzte im Nachzuge, und zog ſich hart bey Welleslawin und dem Dorfe Roſin vorbey. Bis dahin hatte das feindliche Stückfeuer wenig Würkung gehabt, nun aber muſte es von den nachfolgenden Kroaten vieles ausſtehen, es blieb aber doch in beſter Ordnung im Zuge, und kam gegen Abend zu dem Heere. An dieſem Tage hatte das Bat. an fünfzig Todte und Verwundete. Es blieb nun unter dem Oberbefehl des Generalfeldmarſchalls v. Keith, und rückte bis Leutmeritz. Daſelbſt übernahm der König die Anführung des Heeres, und es ward nebſt dem Grenadierbataillon von Rammin in ein Dorf vor Leutmeritz verlegt. Hier bekam es in einer Nacht den unvermutheten Befehl, über die Elbbrücke zu ziehen, und den Dohm, in welchem der König ſein Hauptlager hatte, zu beſetzen. Man hatte Nachricht erhalten, daß der Feind auf das Hauptlager etwas unternehmen wollte. Das Battaillon kam in der Nacht an, und der König ſtellte es ſelbſt an die zu beſetzen nöthige Orte. Als der Monarch mit dem Heere von Leutmeritz aufbrach, bekam das Bataillon Befehl, ſeinen Poſten und die Stadt nicht eher zu verlaſſen, bis der Prinz Heinrich mit denjenigen Völkern, mit welchen er jenſeit der Elbe geſtanden, über die Elbbrücke gegangen.

Nach=

Nachdem dieses geschehen, ging auch das Bataillon in 1757. der besten Ordnung über diese Brücke, und schloß sich an das Heer an, ohne daß die wenige feindliche Völker, welche ihm den Uebergang über die Elbbrücke wehren wollten, es verhindern konnten. Es ging sodann mit dem Heere nach Sachsen, woselbst den 1ten Aug. ein Theil des Grenadierbataillons des Obristwachtmeister Maxim. von Bornstedt, das aus den Grenadiers zweyer 1756 aus Sachsen errichteter Regimenter, nemlich 2 Compagnien Prinz Friedrich von Preussen, und 2 von Wylich bestand, demselben einverleibet ward, und von da nach Zittau, woselbst sich der König mit dem unter dem Prinzen von Preussen stehenden Heere vereinigte. Als sich das Heer bey Görlitz abermals in 2 Theile absonderte, blieb das Bataillon bey demjenigen, welches der Herzog von Bevern nach Schlesien führte. Es muste die Stadt Görlitz besetzen, und den Generalmajor Philipp Wilhelm von Grumkow, der bis dahin in Görlitz gelegen, und nach Schweidnitz gesendet ward, ablösen. Der Herzog lagerte sich an der Landescrone, so daß sein linker Flügel an Görlitz stieß. Jenseits der Stadt an dem Neißflusse stand der Generallieutenant Hans Karl von Winterfeld mit einer Abtheilung des Heeres auf dem Moyßberge. In der Stadt lag das Grenadierbataillon Schenkendorf, welches alles schwere Gepäcke, das Proviant Fuhrwesen, und die Beckerey decken muste. Als der Feind den 7 Sept. den Angrif auf den Moyßberg that, ließ der Obristwachtmeister von Schenkendorf nur die Thore von Görlitz besetzt, und eilte mit dem Bataillon über die Neißbrücke dem angegriffenen Generallieutenant von Winterfeld zu Hülfe. Allein dieser würdige Feldherr war bereits verwundet, und der Scharmützel schon geendiget, Schenkendorf besetzte also noch in der Nacht die Stadt wieder. Bey dem Abzuge des Herzogs v. Bevern, der über die Neisse nach Schlesien gieng, machte das

Bataillon

1757. Bataillon das Hintertreffen. Es hatte den geschärften Befehl, nicht einen Kranken oder Verwundeten in Görlitz zu lassen, und es richtete diesen mühsamen und beschwerlichen Auftrag vollkommen aus. Man setzte hierauf den Zug nach Liegnitz, und von da, um Breslau zu decken, in geschwinden Zügen nach dieser Hauptstadt von Schlesien fort. Hier ward das Lager zwischen der Lohe und der Stadt bezogen. Das Bataillon kam auf dem linken Flügel bey dem Dorfe Kleinmochber zustehen, und das ganze Heer suchte sich bestmöglichst zu verschanzen. Der jenseits der Lohe stehende Feind hatte unter andern das vor dem preußischen linken Flügel liegende Dorf Klettendorf stark besetzet, und sich darinne verschanzet. Der Obriste Johann Paul von Werner erhielt Befehl, mit seinem Husarenregimente und dem Grenadierbataillon von Schenkendorf den Feind aus Klettendorf zu vertreiben. Das Bataillon brach den 28ten Oct. Abends stille auf, und bekam zu seinen zwey Feldstücken noch ein 12 pfündiges, allein von dem letztern brach während dem Zuge auf dem grossen nach Klettendorf gehenden Damme die Axe, konnte deshalb nicht gebraucht werden, und ward auf dem Rückzuge wieder mit ins Lager genommen. Bey Anbruch des Tages befand sich das Bataillon dichte vor Klettendorf, konnte aber, weil der Feind die Brücke abgebrochen, nicht gleich ins Dorf dringen, und blieb es dahero anfänglich bey einem starken Stückfeuer. Da aber der Obristwachtmeister von Schenkendorf einen Weg neben der Brücke über den Fluß suchte, und seitwärts einen Steg über das Wasser fand, so nur aus einem Bret bestand, so versuchte er selbst, ob es stark genug zum Uebergehen sey, und meldete es unverzüglich dem Obristen von Werner. Dieser setzte also mit seinem Regimente durch das Wasser, der Obristwachtmeister von Schenkendorf aber ließ das Bataillon Mann für Mann über den Steg

gehen,

gehen, stellte sogleich eine Abtheilung desselben in Ord= 1757.
nung, und grif den Feind in seinen Verschanzungen
und Häusern an, vertrieb ihn glücklich und zwang ihn,
auf das freye Feld zu ziehen. Hier hieb der Obriste
von Werner auf ihn ein, machte einige 80 Gefangene, und die Anzahl der feindlichen Todten und Verwundeten war gleichfals ansehnlich. Aus dem österreichischen Lager, welches nicht weit davon stand, und in
Bewegung gerieth, ward sogleich eine ansehnliche Macht
gegen Klettendorf gesendet. Der Obriste von Werner zog sich also sowohl als das Bataillon in schön-
ster Ordnung zurück. Kaum war das letztere über den
Steg zurück, als der Feind schon hinter her feuerte,
und das Dorf besetzt hatte. Bey dieser ganzen Unternehmung verlohr das Bataillon nur einen Gemeinen,
und der Oberlieutenant der münchowschen Grenadiers
Adrian von Bandemer, (siehe Num. 69 unter den abgegangenen Officiers,) bekam eine Quetschung. Nachhero blieb das Bataillon ungefehr 8 Tage vor der
Schlacht bey Breslau ruhig im Lager stehen. Der
Herzog von Bevern war Willens, das feindliche Heer
anzugreifen. Alle Anstalten waren dazu gemacht.
Das Bataillon von Schenkendorf sollte den Vorderzug
machen, und war bereits mit den Brückenwagen, so
zum Uebergange über die Lohe gebraucht werden sollten,
aufgebrochen, als es auf erhaltenen Gegenbefehl wieder ins Lager rücken muste. Am Tage der Schlacht
bey Breslau, als den 22ten Nov. muste sowohl dieses
Bataillon als verschiedene andere Regimenter unter
Anführung des Generallieutenant Hans Joachim von
Ziethen sich ganz links ziehen, und ihren Posten vor
dem Dorfe Gabitz nehmen. Hier hatte also das Bataillon den rechten Flügel der unter dem General von
Ziethen stehenden Völker. Da nun zwischen diesen und
dem beverschen Heere ein grosser Zwischenraum war:
so feuerten bey Anfang der Schlacht, und da der Feind

bereits

1757. bereits die Schanzen des linken Flügels von dem beverschen Heere angegriffen hatte, die Feldstücke des Bataillons dem Feinde mit guter Würkung in die Seite, und verursachten ihm einen ziemlichen Verlust. Vor dem Gesichte des zithenschen Lagers linker Hand von der Landstrasse und dem Damm lag das Dorf Kleinburg, aus welchem der Feind das Freybataillon Angenelli vertrieben hatte. Aus diesem Dorfe und den daselbst neuaufgeworfenen Verschanzungen wurden die ziethenschen Völker nicht wenig durch das feindliche Feuer beunruhiget. Der General von Ziethen, der neben dem Bataillon hielt, sahe die Wichtigkeit dieses Postens, und sagte, daß so lange dieses Dorf in feindlichen Händen wäre, nichts zu hoffen sey. Der Obristwachtmeister von Schenkendorf erbot sich, den Angrif zu thun, dieses ward genehmiget, und das Grenadierbataillon von Kahlden erhielt Befehl, es zugleich von der andern Seite anzugreifen. Der Herr von Schenkendorf ließ darauf eine Compagnie des seinigen rechts neben dem Damme ziehen, welches dadurch dem Feinde verborgen ward, mit den drey übrigen Compagnien ging er gerade auf das Dorf und die besetzte Verschanzung loß. Die Feldstücke von denen gleich Anfangs die Pferde todt geschossen wurden, musten zurückbleiben, und der Obristwachtmeister, dem auch das Pferd unter dem Leibe erschossen ward, setzte sich zu Fusse vor die drey Compagnien, und drang mit aufgepflanzten Bajonets in die Verschanzung. Zu gleicher Zeit kam die eine Grenadiercompagnie über dem Damm hervor, und fiel den Feind von der Seite an. In diesem Augenblicke ward das Bataillon mit dem Feinde handgemein, und trieb mit Hauen, Stechen und Feuern den Feind, der sich hartnäckig wehrete aus seinem Posten zurück gegen Klettendorf, fügte ihm einen erstaunlichen Verlust an Todten und Verwundeten, zu, und verfolgte ihn in der Hitze, bis weit hinter Kleinburg. Das Dorf

Dorf Krittern hatte der Feind gleichfals besetzt, und 1757. aus diesem feuerte er mit Stücken auf das im Verfolgen begriffene Bataillon. Mit grosser Mühe hielt der Obristwachtmeister die erhitzte Grenadiers von fernerm Verfolgen ab. Nachdem er solche so gut als möglich gesamlet, setzte er sich in die verlassene Verschanzung bey Kleinburg, in welcher man kaum vor Todten stehen konnte, kehrte die vier erbeutete österreichische Stücke um, und brennte solche gegen den Feind ab. Weil aber das feindliche Feuer aus Krittern, so ganz nahe lag, immer lebhafter wurde, und dem Bataillon, so ohnedem schon viele Leute bey diesem Angriffe verlohren hatte, vielen Verlust verursachte, keine Verstärkung nachkam, und dieser Posten ohne Gefahr von den übrigen Völkern abgeschnitten zu werden nicht wohl behauptet werden konnte: so zog sich das Bataillon zu den in Schlachtordnung stehenden ziethenschen Völkern zurück, und warf vorher die wegen Mangel der Pferde nicht fortzubringende erbeutete Stücke umgekehrt in den Graben der Verschanzung bey Kleinburg, welches Dorf bey diesem Angriffe in Brand gerathen war. Das Bataillon welches nun wieder in die Schlachtordnung einrückte, bestand nur aus 4 gesunden Officiers, und 110 bis 120 Gemeinen. Der General von Ziethen überhäufte den Obristwachtmeister wegen dieses Angrifs mit Lobsprüchen, und sendete das Regiment von Münchow ab, um die vier Stücke aus dem Graben zu holen und herbey zu bringen, und das Bataillon erhielt dafür die gewöhnliche Ergötzlichkeit an Gelde. Es glaubte jedermann auf diesem Flügel, daß die Schlacht gewonnen sey 12), und das Bataillon bekam, als es bereits

---

12) In dieser Schlacht verlohr das Bataillon an Todten 3 Officiers, nemlich die Lieutenants von Rhein und von Brockusen, beyde von dem Prinz heinrichschen Regimente, Adam Heinrich von Boek, der vom münchowschen Regimente

1757. reits bunkel zu werden anfieng, Befehl, die ganz rechter Hand liegende Schanze zu besetzen. Dieses geschahe, und man hielt die nahe dabey stehende Wachtfeuer für solche, welche von preussischen Völkern angemachet worden. Ganz späte kam ein Officier, und brachte den Befehl vom General von Ziethen, daß das Bataillon sich so stille als möglich aus der Schanze zu ziehen, und, weil die gesehene Wachtfeuer österreichische waren, durch einen Umweg bey der Windmühle von Gabitz einzutreffen suchen sollte. Es kam glücklich bey den ziethenschen Völkern an, und ward bestimmt den Nachzug zu machen, welches aber bald dahin geändert ward, daß es den Vorderzug machen sollte. Man brach also um Mitternacht auf, zog durch Gabitz und Breslau über die Oder, blieb bis an folgenden Morgen zwischen der Stadt und der alten Oder unter freyem Himmel liegen, und rückte sodann am 25sten ungefehr eine Meile von Breslau ins Lager, wobey das Bataillon in Hünern geleget ward. Nun führte der Generallieutenant Friedrich Wilhelm von Kyow nach der Gefangennehmung des Herzogs von Bevern das Heer gegen Glogau, muste aber, noch ehe diese Festung erreichet war, auf königlichen Befehl die Anführung des

mente war, 2 Unterofficiers, 3 Spielleute, und 44 Gemeine. Verwundet wurden 7 Officiers, nemlich der Hauptmann, Hennig Christoph Helmers, der ehedem eine Grenadiercompagnie bey dem untergesteckten Regimente Prinz Friedrich von Preussen gehabt, und vor der Hand bey diesem Bataillon Dienste that, der Hauptmann Dionysius von Callagan, die Lieutenants Carl Ernst von Kalkreut, Ferdinand Gottlob von Mickulitz, beyde so wie der Hauptmann vom münchowschen Regimente, Christian Dietrich von Bradecke, von Borck, und Ernst August Christoph Ludwig von Schulenburg, die alle drey von dem Regiment Prinz Heinrich waren, und davon die letzte beyde an den Wunden sturben, 4 Unterofficiers, und 104 Gemeine.

des Heers dem Generallieutenant von Zieten überge- 1757. ben. Auf diesem Zuge diente das Bataillon allen in der Schlacht und vorhero gemachten Gefangenen zur Bedeckung. Bey Glogau ging das Heer über die Oder, und vereinigte sich auf dem Zuge nach Parchwitz mit dem königlichen Heere. Am 4ten Dec. als dem Tage vor der Schlacht bey Leuthen lag das Bataillon mit in Neumark, und rückte sodenn mit dem Heere vorwärts. In der Schlacht bey Leuthen hatte dasselbe, unerachtet es wegen des Verlusts in der Schlacht bey Breslau sehr schwach und ungefehr 250 Mann stark war, die äusserste Spitze des linken Flügels, stand unter dem Generalmajor, Carl Ferdinand Freyherrn von Hagen, genannt Geist, und gehörte unter die Abtheilung des Generallieutenant Wolf Friedrich von Retzow. Als das Treffen angieng und das Heer vorwärts rückte, muste sich der lincke Flügel während des Anzuges etwas rechts ziehen. Nun ward das Feuer allgemein, das Heer und besonders der linke Flügel litte aber auch noch nach der Eroberung des Dorfes Leuthen von dem feindlichen Kartätschenfeuer einer Batterie erstaunenden Verlust. Hierdurch waren bey den Bataillons die besser rechter Hand von dem Grenadierbataillon von Schenkendorf stunden, ziemlich grosse Lücken entstanden. Der General von Retzow befahl also dem Obristwachtmeister von Schenkendof links um zu machen, und diese Lücke zu füllen. Weil aber fast unmöglich ist, unter einem Kartätschenfeuer ohne Unordnung links um zu machen: so stellte der Herr von Schenkendorf, die Unmöglichkeit dieser Bewegung dem General vor, und erbot sich diese fürchterliche Batterie wegzunehmen. Sogleich warf er sich von seinem scheu gewordenen Pferde, setzte sich mit dem Degen in der Hand vor sein Bataillon, sprach demselben Muth zu, und grif mit ausnehmender Tapferkeit an, vertrieb den Feind, und erbeutete alle Stücke, für welche dem Bataillon

1757. taillon die gewöhnliche Belohnung an Gelde gereichet ward. Es war dieses die letzte Batterie, die dem Feinde abgenommen ward, die Linie folgte, und rückte noch einige hundert Schritte jenseit dieser Batterie vorwärts, machte sodann Halte, und blieb die Nacht unter freyem Himmel liegen 13). Den 6ten kam das Bataillon unter die Abtheilung des Generallieutenant Prinz Ferdinand von Preussen, und rückte nach Pöpelwitz an die alte Oder vor Breslau. Auf die eingelaufene Nachricht, daß einige feindliche Völker, die sich aus der Schlacht verlaufen, in einem Bruch nahe bey Pöpelwitz verborgen lägen, ward der Generalmajor und Commandeur des bayreuthschen Dragonerregiments Carl Friedrich von Meyer mit einigen Völkern, darunter auch dieses Bataillon war, dahin gesendet, die Feinde streckten aber sogleich das Gewehr. Das Bataillon ward darauf zur Einschliessung und Belagerung von Breslau gebrauchet, und in das Dorf Gabitz gelegt. Dreymal war es während derselben in den Laufgraben. In dieser Belagerung ertheilte der König in seinem Hauptlager Dürrjahn dem gegenwärtigen Obristwachtmeister von Schenkendorf in den gnädigsten Ausdrücken wegen der in den Schlachten bey Breslau und Leuthen bewiesenen vorzüglichen Tapferkeit den Orden pour le merite, den ihm der Generaladjutant und Obrister Moritz Franz Casimir von Wopersnow auf königlichen Befehl sogleich einhändigen muste. Eben diesen Orden bekamen zugleicher Zeit die Hauptleute dieses Bataillons Dionysius von Callagan vom münchowschen, und Sylvius Ferdinand von Stwolinski vom Prinz heinrichschen Regimente. Nach der Eroberung von Breslau gieng der König mit einigen Völkern, unter denen auch dieses Bataillon war, nach Liegnitz,

---

13) In dieser Schlacht bekam das Bataillon 7 Gemeine an Todten, und 2 Unterofficiers, nebst 19 Gemeinen wurden verwundet.

niß. Nach der Übergabe dieses Orts erst nach Striegau, 1757. sodann nach Lohsen. Hier gab der König dem Obristwachtmeister v. Schenkendorf selbst den Befehl, mit seinem Bat. zu Hirschberg das Winterlager zu nehmen.

§. 10.
Von den Begebenheiten der Grenadiercompagnien in dem Feldzuge von 1758.

Den 1sten Jenner 1758 kam das Bataillon zu 1758. Hirschberg an, und hier stand es unter dem Befehl des Generalmajor Carl Heinrich von Wedel. In der Mitte des Februars muste es nach Kupferberg, von da nach einigem Aufenthalt nach Wüstenröhrsdorf, und endlich nach Landshut rücken. Im letztern Orte ward ihm die Vorstadt angewiesen, und es kam unter den Befehl des Generallieutenants von Ziethen. Von hier muste es nach Reichhennersdorf, und von diesem Orte nach Schömberg an die böheimische Gränze rücken, wo es bis zum Frühjahr stehen blieb. Als das königliche Heer sich nach Mähren wendete, muste der Generallieutenant Freyherr de la Motte Fouque mit den im Gebürge stehenden Völkern und dem Belagerungsgeschütz ihm folgen. Uuter diesem befand sich das Bataillon, kam aber hernach bey Sternberg in Mähren zu stehen, woselbst der Fürst Moritz von Anhalt eine Abtheilung des Heeres befehligte. Von hier muste das Bataillon das zu Sternberg gebackene Brodt zu dem königl. Heere bringen, und von da wieder 500 Kriegsgefangene zurückbringen. Bey diesem Rückzuge ward es von dem in den vielen Büschen verdeckt stehenden Feinde angefallen, kam aber ohne Verlust eines einzigen Wagen glücklich zu Sternberg an. Einige Tage darauf rückte der Generalmajor Prinz Carl Friedr. Ferdin. von Braunschweig-Bevern mit einigen Völkern, unter den

auch)

1758. auch dieses Bataillon war, nach der Gegend, wo vorher der Angrif des Bataillons geschehen, säuberte die Büsche vom Feinde, vertrieb die feindlichen Völker, und kehrte nach Sternberg zurück. Man machte bey dieser Gelegenheit auf 300 Gefangene, und es waren auch von dem königl. Heere einige Völker zu Unterstützung unter dem Generalmajor Carl Ferdinand Freyherr von Hagen, Geist genant, dahin gesendet worden. Bald darauf stieß der gedachte Prinz von Bevern mithin auch das Bataillon von Schenkendorf zum königlichen Heere. Letzteres ward gegen das Ende des Junius mit mehrern Völkern unter dem Generallieutenant Hans Joachim von Ziethen abgesendet, dem Vorrath von Lebensmitteln und Kriegsbedürfnissen, der aus Schlesien kam, entgegen zu gehen. Bis über Domstädel hinaus sahe man nichts vom Feinde, man nahm hier alle Wagen, welche jenen Vorrath führten, glücklich in Empfang, und an dem folgenden Morgen sollte der Zug zu dem königl. Heere fortgesetzet werden. Das Bataillon von Schenkendorf ward zur Bedeckung der Wagen eingetheilet, da man aber aufbrach, ließ sich schon feindliche Reuterey auf der Höhe sehen. Der General von Ziethen schickte, um von den Bewegungen des Feindes unterrichtet zu seyn, das Grenadierbataillon von Rath, welches eigentlich den Vorderzug machen sollte, mit etwas Reuterey dahin. Der Abzug konnte nicht aufgeschoben werden, das Bataillon von Schenkendorf machte also den Vorderzug, hinter ihm folgten die Wagen. Als dieses Bataillon bereits über Domstädel hinaus war, auch schon eine ziemliche Anzahl von Wagen, darunter vornemlich die mit Geld beladene Wagen, durch den engen Hohlweg bey diesem Orte gezogen: so ward Halte gemacht, und aufgefahren, um dem übrigen Theil zum Nachkommen Zeit zu geben, und die drey Grenadierbataillons, welche der General von Ziethen auf dem Hinzuge in Dom-

Domstädel zur Sicherheit stehen lassen, schlossen sich 1758.
an das von Schenkendorf. Mitlerweile hatte der
Feind mit grosser Uebermacht alles, was noch nicht
Domstädel erreichet hatte, angegriffen, den General
von Ziethen abgeschnitten, und sich nach Schlesien zu
ziehen genöthiget. Nur obige vier Grenadierbataillons
nebst einem Theil Husaren waren also die einzigen, welche glücklich durchkamen, und die bey sich habende Wagen zu dem königl. Heere brachten. Bey dem Abzuge
aus Mähren kam das Bataillon zu der Abtheilung des
Prinzen Friedrich Franz von Braunschweig, welche den
Nachzug machte. Da solche während des Zuges angegriffen ward: so muste das Bataillon durch einen
Wald gehen, und eine jenseit desselben gelegene Höhe
bis an den folgenden Nachmittag behaupten; da solches wieder zu der Abtheilung des Generalmajors Carl
Christoph Freyherr von der Golze, stieß. Man nahm
den Weg nach Böheim, und bis zum Abzuge von Königingrätz hatte das Bataillon den so genanten Gene-
ralsberg besetzt. Nachdem das Heer in Schlesien ein-
gerücket, sendete der König den Generalmajor Carl
Heinrich von Wedel mit einigen Völkern, darunter
auch das Bataillon war, gegen die Schweden. Der
General von Wedel zog durch die Lausitz und Berlin bis
nach Oranienburg. Hier sollte das Bataillon die von
Schweden besetzte, jenseit der Stadt belegene Mühle,
welche zugleich ein Posten war, wegnehmen, allein sie
ward vor der Ankunft desselben verlassen. Es blieb
also bey diesem Posten stehen, und der Generalmajor
von Wedel nahm sein Lager bey den Reihenweise ge-
setzten Lindenbäumen vor Oranienburg. Von hier
ward der Zug nach Cremmen und endlich ins Lager bey
Dechtow fortgesetzt. Den 28 Sept. fiel das Gefechte
bey Fehrbellin vor. Die preussische Völker stunden
vor dieser Stadt in Schlachtordnung, jenseits der von
schwedischen Völkern besetzten Stadt stand das schwedische

1758. dische Heer. Der Damm, der von der Stadt zu dem schwedischen Lager führete, war etliche mal mit Feldschanzen, die mit Geschütz versehen, durchschnitten. Anfänglich blieb es bey einem starken Feuer aus dem groben Geschütz, darauf muste dieses Bataillon die Stadt angreiffen, und es eroberte sie glücklich. Der Kirchhof war mit Stücken besetzt, ward aber doch eingenommen, und viele Gefangene gemachet, wobey vornemlich eine Anzahl Officier, die noch nicht in Kleidern waren, im Amthause gefangen genommen wurden. Nach Eroberung der Stadt ward der Feind bis über die Brücke verfolgt, und diese in Brand gesteckt, Der Generalmajor von Wedel hatte sein Vorhaben ausgeführt, und zog sich also, da das schwedische Heer zur Wiedereroberung der Stadt Anstalt machte, in sein vorher gehabtes Lager bey Dechtow zurück, und rückte von da nach Zehdenick, endlich aber nach Templin. Kaum war dieses Lager bezogen: so muste der Generalmajor Johann Heinrich Friedrich von Spaen noch den 14ten Oct. Abends mit dem Dragonerregiment von Plettenberg, einem Bataillon des Fuselierregiments von Braun, und dem Grenadierbataillon von Schenkendorf nach Boitzenburg aufbrechen, um das feindliche Hauptquartier, da der Feind erst an eben den Tage daselbst ins Lager gerücket, zu überfallen. Auf dem halben Wege blieb das Bataillon von Braun zur Unterstützung stehen, und es war eben Mitternacht, als die übrigen bey der Baumreihe vor Boitzenburg anlangten, ohne darinnen feindliche Vorposten angetroffen zu haben. Hier blieb der General von Spaen, weil mit der Reuterey nichts zu thun war, mit dem Dragonerregimente von Plettenberg stehen, und überließ dem Obristwachtmeister von Schenkendorf die fernere Ausführung auf Boitzenburg. Dieser schickte seinen Adjutanten, den Lieutenant münchowschen Regimente, Adrian von Bandemer, (siehe Num. 69 unter

den

den abgegangenen Officiers,) ab, der sich längst der
Bäume bis an das Fasanenwärterhaus schleichen muste, und den Fasanenwärter holte, der dem Herrn von Schenkendorf Nachricht geben konnte. Es war sehr heller Mondenschein, und das Bataillon, welches seine Feldstücke bey der Reuterey zurückgelassen hatte, rückte in möglichster Stille gegen die Stadt. Zwey Mann, welche an dem vor dem Thore liegenden Hohlwege stunden, wurden sogleich mit dem Bajonet niedergestossen. Man erfuhr von den Bauern, welche Lieferung an die Schweden gethan, und vor dem Thore bey angemachtem Feuer herumlagen, daß in dem vor dem Thore liegenden Amthause, viele Jäger und Husaren befindlich wären. Der Herr von Schenkendorf umringte also mit seiner eigenen Grenadiercompagnie münchowschen Regiments das Amthaus, die übrige Compagnien zogen in die Stadt, besetzten ohne einen Schuß zu thun das Thor, und nahmen die Wache gefangen. Eine Compagnie sollte das Thor, welches nach dem schwedischen Lager gieng, besetzen, und die vierte das Schloß, auf welchem sich die ganze schwedische Generalität befand, einnehmen. Die Feinde im Amthause wurden munter, und feuerten zu den Fenstern heraus, musten sich aber alle zu Gefangenen ergeben, und da es meistens Husaren und Reuter waren, so machte fast jeder Grenadier ein Pferd Beute. Unerachtet nun die Stadt in preussischen Händen war: so wehrte sich doch die starke Wache, welche die Generalität bey sich hatte, und durch das Feuern munter geworden war, gegen die heranrückende Compagnie so lange, daß die Generalität in größester Eil zu entkommen Gelegenheit fand. Man begnügte sich also alles, was man in der Stadt fand, gefangen zu nehmen, und da der Lermschuß im Lager das ganze schwedische Heer in Bewegung brachte: so zog sich der Obristwachtmeister von Schenkendorf mit meist 400 Gefangenen aus

der

1758. der Stadt zu dem Generalmajor von Spaen zurück. Ohne auszuruhen gieng man noch weiter bis zu dem Bataillon von Braun zurück, welches obgedachter maſſen auf dem halben Wege nach Templin stehen geblieben war, und hier ruhete das ſchenkendorfiſche Bataillon, welches sieben Meilen gegangen war, einige Stunden aus, gegen Mittag aber rückte alles wieder in das Lager bey Templin ein. Der Generalmajor von Spaen versicherte bey seiner Zurückkunft den General von Wedel, daß er sich nicht das geringſte von dieser Unternehmung zuschreiben könne, sondern die Ehre derselben, dem Obriſtwachtmeiſter von Schenkendorf allein zukomme, der sie nicht allein freywillig übernommen, sondern auch nach eigener Einrichtung mit größeſter Tapferkeit ausgeführet habe. Diese rühmliche Unternehmung ward durch die Ernennung des gedachten Hrrn. Obriſtwachtmeiſter zum Obriſtlieutenant von dem Könige belohnet. Als der General von Wedel mit den unterhabenden Völkern im Nov. über Berlin, und Mittenwalde nach Torgau in Sachſen gehen muſte, machte dieses Bataillon den Vorderzug, und muſte bey seiner Ankunft den 12ten Nov. eiligſt durch Torgau durch gegen den mit Stücken es begrüſſenden Feind aufziehen, bis die übrigen Völker nachkamen. Der General von Wedel blieb hier die Nacht unter dem Gewehr liegen, der Feind aber zog sich nach Eulenburg. Den 14ten kam der Generallieutenant Graf Chriſtoph von Dohna mit mehrern Völkern aus Pommern an, und übernahm den Oberbefehl. Man folgte dem Feinde nach Eulenburg. Das Bataillon hatte abermals den Vorderzug, und sollte die von feindlichen Völkern bereits angeſteckte und noch brennende Brücke wieder herſtellen. Das feindliche jenseits der Mulde stehende Geschütz verhinderte dieses Vorhaben ungemein, da aber die preußiſche Reuterey ganz rechts durch den Fluß geſetzt hatte: so fieng der Feind die Stadt zu verlaſſen

laſſen an, und man bauete in größeſter Geſchwindig- 1758.
keit neben der alten abgebranten, eine von Böcken,
Balken und Kähnen zuſammengeſetzte Art von Laufbrü-
cken, über welche das preuſſiſche Fußvolk gehen konnte.
Man erbeutete alſo einige Stücke und machte verſchiede-
ne Gefangene. Der General Graf Chriſtoph v. Dohna
gieng noch in eben dem Monate wieder nach dem ſchwe-
diſchen Pommern zurück, der General von Wedel aber,
unter deſſen Völkern ſich auch das ſchenkendorfiſche Bataillon befand, rückte über Wurzen und Grimma nach
Rochlitz. Hier ſtund er eine Zeitlang, und währender Zeit bekam das Bataillon Befehl zur Beytreibung
der ausgeſchriebenen Lieferungen in die anhaltiſche Für-
ſtenthümer zu rücken. Es ward dieſes aber geändert.
Der Generalmajor von Wedel ward mit einigen Völkern dahin geſendet, und der Obriſtlieutenant von
Schenkendorf erhielt Befehl, mit ſeinem Grenadierbataillon, zwey Bataillons Heſſencaſſel, zwey von Bülow,
und zwey von Braun, die ſämtlich ſeiner Anführung
untergeben wurden, nach dem Voigtlande zu rücken.
Am erſten Advent Sonntage kam er zu Gera an, hier
blieb er mit ſeinem Grenadierbataillon, dem Regimente von Braun, und dem zweyten Bataillon von Bülow. Die übrige Bataillons verlegte er in die Nä-
he 14). Den größeſten Theil des Winters blieb der
gedachte Obriſtlieutenant in dieſer Stellung, und ſtand
unmittelbar unter dem Prinzen Heinrich von Preuſſen.

§. II.

14) Das erſte Bataillon von Bülow kam nach Weida, das
erſte Bataillon von Caſſel nach Grätz, und das zweyte
nach Schlaitz.

§. 11.
Von den Begebenheiten der Grenadiercompagnie im 1759sten Jahre.

1759. Den 24ten Febr. des folgenden Jahres brach der Obristlieutenant von Schenkendorf mit seinem Bataillon gegen Erfurt auf, wohin der Generalmajor Gottfried Karl von Knoblauch mehrere Völker führte, um die daselbst stehende Reichsvölker zu vertreiben. Dieses ward bewerkstelliget, Erfurt ward durch das Bataillon von Schenkendorf besetzet, und in dieser Stadt war es, wo der Herr von Schenkendorf von seiner Erhebung zum Obristen Nachricht erhielt. Den 11ten Merz ward Erfurt von den preußischen Völkern wieder verlassen, und da bey Saalfeld sich einige österreichische Völker festgesetzet; so ward der General von Knoblauch dahin gesendet, um sie zu vertreiben, die angelegte Wercke niederzureissen, und die zusammengebrachte Lebensmittel wegzunehmen. Das Bataillon von Schenkendorf ward abermals zu dieser Unternehmung gebrauchet. Man zog über Rudelstadt gegen Saalfeld. Das Dorf Carnsdorf war mit Grenadiers stark besetzt. Den 26ten Merz um 2 Uhr Nachmittags fing das Stückfeuer an, und dauerte bis gegen 6 Uhr. Der Feind wehrte sich tapfer, und der Obrist von Schenkendorf beschoß denselben aus seinen Feldstücken mit guter Wirkung. Gegen Abend zog sich der Feind mit Verlust vieler Todten und einiger Gefangenen gegen Gräfenthal zurück. Im April ward der Herr von Schenkendorf zum Generalmajor ernennet, und es bekam das Grenadierbataillon den Obristwachtmeister des plotowschen Regiments zu Fuß, Carl August von Schwartz zum Anführer. Zu Anfang des May that der Prinz Heinrich einen Einfall in Franken, um die bey Hof und Münchberg versamlete

lete Reichs- und österreichische Völker zu vertreiben. 1759.
Der Generalmajor von Knobloch, der zu dieser Unternehmung mit bestimmt war, brach den 4ten May von Gera auf. Unter seiner Anführung stand das Grenadierbataillon von Schwarz, zwey Bataillons von Braun, zwey von Bülow, das Freybataillon von Wunsch, 400 Reuter, und drey Schwadronen des Husarenregiments Szekely. Er rückte über Auma, Schlaitz, Saalburg und Lobenstein bis Neudorf, wo er den 7ten anlangte. Er trieb den feindlichen General von Ried vor sich her bis Cronach, nahm den Vorrath zu Lichtenfels, und vereinigte sich mit dem Generallieutenant August Friedr. von Itzenplitz vor Bamberg. Das Grenadierbataillon blieb zurück, als der Generalmajor von Knobloch, um das, was der Feind an Lebensmitteln längst des Maynstrohmes zusammen gebracht, zu vernichten, gegen Eborach rückte. Bey dem zu Ende des May aus Franken angetretenen Rückzuge, ging es mit dem Heere dahin zurück, und ward nachhero unter dem Generallieutenant von Fink gebauchet, das königliche Heer, welches gegen die Russen fechten sollte, zu verstärken 15.) In der Schlacht bey Kunersdorf stand es unter der Anführung des Generalmajors Daniel George von Linstedt in dem Vordertreffen, und that den ersten Angrif mit. Es half die erste Verschanzungen mit erobern, und hatte ansehnlichen Verlust 16). Nach dieser Schlacht blieb es bey dem königlichen

15) Der Generallieutenant von Fink hatte ein Grenadierbataillon Oesterreich, ein Grenadierbataillon Schwarz, ein Freybataillon von Wunsch, zwey Bülow, zwey Hauß, zwey Zastrow, 5 Schwadronen Prinz von Preussen Küraßier, 5 Schwadronen Bellingsche Husaren bey sich.

16) Von den münchowschen 2 Grenadiercompagnien blieben in dieser Schlacht die Lieutenants Adrian von Bandemer, August Detlof von Winterfeld, und Johann Conrad Friedrich

1759. niglichen Heere, und that den Zug nach Schlesien sowohl als nach Sachsen, und den 29 Dec. ward es nebst dem Regimente Leſtwitz und Grenadierbataillon von Oeſterreich nach Frauenſtein geſendet, um den Feind zu vertreiben, und ihm dort herum alle Lebensmittel zu nehmen.

§. 12.
Von den Begebenheiten der Grenadier⸗ compagnien in den Jahren 1760 bis 1763.

1760. Bis zum 11ten Jenner 1760 blieb das Bataillon mit vorgedachten Regimentern bey Frauenſtein ſtehen. Den 12ten ward es in die Winterläger geſchickt. Den 26ten April rückte es, ſo wie das übrige Heer, aus ſolchen in das Lager bey Schlettau. Es kam ins dritte Treffen das auf den Katzenbergen gelagert war, auf den linken Flügel unter dem Obr. Chriſtoph Bogislaf von Linden, der auſſer dieſem noch die drey Grenadierbataillons Beyer, Loſſow und Neſſe befehligte. Es rückte ſodenn mit vor Dresden, war in der Belagerung dieſes Platzes, und ging darauf mit dem königlichen Heere nach Schleſien. Hier ſtand es ſo lange, bis der König im Oct. wieder nach Sachſen zurück ging. Den 3ten Nov. wohnte es der Schlacht bey Torgau bey, und that unter Anführung des Generalmajors Friedrich Wilhelm von Syburg den erſten Angrif mit. Sodenn bezog es in Sachſen die Winterlager.

1761. Im folgenden Jahre brach es unter Anführung des Königes nach Schleſien auf, und ſtand anfänglich unter

drich Magnus, ein Unterofficier, 2 Spielleute, 46 Gemeine; und verwundet wurden der Hauptmann Johann Chriſtoph von Tresckow, der Lieutenant Friedrich Chriſtoph von Oertzen, 8 Unterofficiers, 3 Spielleute, 59 Gemeine.

unter der Abtheilung des Generalmajors George Carl 1761. Gottlob von Gablenz. Im Lager bey Schweidnitz aber, als das österreichische und russische Heer sich um das preussische herum lagerten, kam es unter die von dem Generalmajor Friedrich Wilhelm von Thiele. Es hatte diesen ganzen Feldzug über wenig Verlust, ward zu Ende desselben in die Gegend von Breslau verlegt, und kam in die Verschanzungen bey Gabitz.

In dem 1762 eröfneten Feldzuge kam es ins zwey= 1762. te Treffen unter die Abtheilung des Generalmajors von Gablenz. Hernach stieß es zu denjenigen Völkern, welche unter dem Generallieutenant Franz Carl Ludwig, Reichsgrafen von Neuwied, um des Feindes Aufmerksamkeit zu theilen, nach Böheim gingen. Nachdem es mit selbigem zurückgekommen, ward es zur Belagerung von Schweidnitz gebrauchet. Den 4ten August rückten alle dazu bestimmte Bataillons ins Lager bey Schweidnitz. Das Bataillon kam unter die Abtheilung des Generalmajors Prinzen Franz Adolf von Anhalt Bernburg, und war zwischen Schönbrunn und Tunkendorf gelagert. Allemal um den dritten Tag diente es in den Laufgräben, und hatte, wie alle zu dieser blutigen Belagerung gebrauchte Regimenter, ansehnlichen Verlust. Den 11ten Oct. rückte es zur Besatzung in diese eroberte Festung ein, weil aber die Häuser durch das Geschütz sehr verdorben waren: so ward es nach Schönbrunn verlegt. Hier blieb es so lange liegen, bis der zu Hubertsburg geschlossene Friede die Ruhe wieder herstellte, und die münchowsche 1763 Grenadiercompagnien nach Brandenburg, die von dem Regimente Prinz Heinrich aber nach Potsdam abgehen konnten.

§. 13.
Von den Regiments Inhabern seit Stiftung desselben.

1740. Der erste Inhaber dieses Regiments ward 1740 im August der damalige Obrist kalksteinischen Regiments, Herr Gustav Bogislaf von Münchow. Dieser würdige Feldherr stammte aus einem der ältesten pommerschen adelichen Geschlechter und besonders von dem buckowschen Zweige ab. Sein Herr Vater Bernhard Christian hatte dem königlichen Hause als Cornet gedient, darauf den Abschied genommen, und sich mit Frau Clara Erdmuth, Witwe Herrn Ernst von Ramel auf Cüstrow, einer Tochter Herrn Landraths Peter von Wobser vermählet 13). Unter drey Söhnen war der Obrist von Münchow der jüngste.

13) Er ward den 10ten Sept. 1686 geboren, und hatte 2 Brüder, davon Herr Christian Ernst 1749 als geheimer Finanzrath und des Johanniterordens residirender Comthur zu Lietzen, Herr Alexander Johann aber als königl. preußischer Officier gestorben. Er widmete sich anfänglich den Wissenschaften, 1703 aber ging er in Kriegesdienste, und stand bis 1706 bey dem Regimente des Erbprinzen von Hessencassel, so jetzo Mosel heisset, 1706 kam er zu dem Regimente Marggraf Albrecht von Brandenburg, jetzo Friedrich Braunschweig, und von da 1728 zu dem von Kalkstein, jetzo Rammin. 1724 den 20ten Julius ward er zum Obristlieutenant, 1735 den 5ten May zum Obristen, 1740 im August zum Inhaber dieses Regiments, 1742 den 10ten Sept. zum Generalmajor, und den 20ten Julius 1745 mit dem Range vom 16ten Julius 1742 zum Generallieutenant ernennet. 1728 den 7 April ward er zum Johanniterritter geschlagen, und auf die Comthurey Lagow angewiesen. 1765 sollte er wircklicher Comthur zu Lagow werden, er trat sein Recht aber, hohen Alters wegen, an den Herrn Obristlieutenant Friedrich Wilhelm von Pannewitz ab. 1744 im Dec. bekam er den

jüngſte. Er widmete ſich anfänglich denen Wiſſen- 1762.
ſchaften, ging aber hernach in Kriegsdienſte, und
ſtieg in ſelbigen bis zur Stelle eines Generallieutenants.
1740 ward er als Geſandter an den kaiſerlichen Hof geſchickt, um demſelben das Abſterben des Königs förm-
lich bekannt zu machen, und er richtete dieſen Auftrag
mit
den ſchwarzen Adlerorden. 1746 die Droſtey Cranenburg
und Duiſſeld. 1747 im Sept. die Gouverneurſtelle zu
Spandau. 1752 die Dohmdechantſtelle in Magdeburg,
und die Probſtwürde der daſigen Stifter des heil. Seba-
ſtians und des heil. Nicolaus. 1744 befehligte er in der
Belagerung von Prag, die beyde Regimenter Anhaltdeſ-
ſau und Zerbſt, hernach wohnte er 1745 im Winter der
Vertreibung der Oeſterreicher aus Oberſchleſien, der
Schlacht bey Hohenfriedberg, in welcher er im erſten Tref-
fer auf dem linken Flügel die drey Regimenter, Haacke,
Blankenſee und Bevern anführte, ferner den Unternehmungen gegen die öſterreichiſchen Völker in Oberſchleſien bis
zum Friedensſchluß bey. Er befand ſich gegen das Ende
des Jahres zu Neiſſe, woſelbſt alle in Oberſchleſien ſtehen-
de Völker ſeiner Anführung anvertrauet waren. Sein
hohes Alter erlaubte ihm ſodenn nicht ferner den Feldzügen beyzuwohnen. Er ſtarb den 12ten Junius 1766 Abends
um 12 Uhr zu Berlin, nachdem er 62 Jahr und 11 Monate in des königl. Hauſes Kriegsdienſten geſtanden, und
den 17ten Abends ward er in der Stille in die berliniſche
Beſatzungskirche begraben. Seine erſte Gemahlin Frau
Antonette Philippine geb. von Börſtel ging den 5ten Sept.
1730 mit Tode ab, nachdem ſie ihm folgende Kinder gebohren: 1) Herr Friedrich Wilhelm, des Johanniterordens Canzler, (von dem unter den abgegangenen Herren
Officiers Num. 57 mehr Nachricht zu finden iſt.) 2) Frau
Marie Dorothea Wilhelmine, geboren zu Berlin den 24
Auguſt 1730, ſo mit dem königl. preußiſchen Obriſtwachtmeiſter und Ritter des Johanniterordens Herr Alexander Chriſtoph von Münchow ſeit dem 23ten Jenner 1750
vermählt iſt, und 3) die Gemahlin des königl. preußiſchen Geheimenraths, und wircklichen Geheimenkriegsſe-
cretärs, Herr Ludwig von la Motte. Die zweyte Gemahlin ward Frau Sophie von Schwerin, eine Schweſter des
1751 verſtorbenen Generallieutenants Philip Bogislaf
von Schwerin.

1762. mit Beyfall beyder Höfe aus. Er hatte sowohl den brabantischen Feldzügen bis 1712 besonders den Schlachten bey Malplaquet und Ramellies und dem schwedischen Kriege im Jahre 1715 als den schlesischen Feldzügen von 1740 bis 1745 besonders den Schlachten bey Hohenfriedberg, der Belagerung von Cosel, und der Vertreibung der österreichischen Völker aus Oberschlesien beygewohnet. Das erreichte hohe Alter hinderte ihn, in dem 1756 angegangenen Kriege Dienste zu leisten, und er starb endlich 1766 den 12ten Junius im 80 Jahre zu Berlin. Der König, der ihn seiner besondern Gnade würdigte, belohnte desselben Verdienste auch noch im höhern Alter durch die einträgliche Dohmdechantstelle zu Magdeburg. Seine Leibesgestalt war ansehnlich, sein leutseliges Betragen, sein mildes und freygebiges Bezeigen gegen Nothleidende, seine Tapferkeit, Geschicklichkeit und Gottesfurcht verdienen das allgemeine Lob, welches seine Zeitgenossen ihm beygelegt, und bey der Nachwelt dauerhaft bleiben wird.

Der zweyte Inhaber des Regiments ward 1766 im Junius Herr Henning Alexander von Kleist 14), welcher vorher als Obrister das Regiment von Thadden

14) Herr Henning Alexander von Kleist, königl. preußischer Obrister von dem Fußvolk, Chef eines Regiments Fuseliers, Ritter des Ordens pour le merite, Erbherr der Güter Juchow, Zamenz und Falkenhagen ist aus einem der ältesten pommerschen adelichen Geschlechter entsprossen. Herr George Heinrich von Kleist, Erbherr der Güter Raddatz, Juchow, Kucherow und Gisholz, welcher den 17 Julius 1674 gebohren worden, und den 30 Merz 1743 gestorben, hat ihn mit Frauen Maria Catharina, Tochter Herrn Johann Daniel von Kleist, Erbherrn auf Raddatz, erzeuget, die 1676 den 4ten Junius gebohren, 1701 vermählet worden, und 1753 den 26ten Merz zu Juchow diese Welt verlassen. Er ward den 4ten Junius 1707 zu Raddatz in Hinterpommern gebohren. Seiner Frau Mutter Herr Bruder der Obriste alt anhaltischen Regiments,

den zu Fuß befehliget. Tapferkeit, Erfahrung, Entschlossenheit bey entscheidenden Vorfällen; und die gröffeste Genauigkeit im Dienst haben ihm die vorzügliche Gnade des Königes, die Gesinnungen seines edlen Herzens aber Liebe und Zuneigung aller neben und unter ihm dienenden erworben.

§. 14.

ments, Herr Alexander Henning von Kleist, der 1749 als königlicher preußischer Generalfeldmarschall gestorben, nahm ihn am 24ten Febr. 1721 von Hause weg, und setzte ihn als Cadet zu seiner Compagnie. Da selbiger noch in eben dem Jahre seine Erlassung erhielt: so ward der junge Herr von Kleist von ihm den 7ten Novembr. 1721 unter das Corps Cadets nach Berlin gesetzt, woselbst er bis zum 6ten Sept. 1724 blieb. An diesem Tage kam er als Fahnenjunker bey das Regiment von Glasenapp, und zwar zur Compagnie des Hauptmanns von Massow. 1726 den 24 Jenner ward er bey das königl. Leibregiment zu Potsdam als Freycorporal zu des Obristlieutenant Christoph Johann von Knesebeck Compagnie gesetzt, und ein gewisser Herr von Heyden an seine Stelle bey Glasenapp geschickt. 1730 den 24ten Jenner ward er zum Fähnrich, und 1735 zum Secondelieutenant ernennt. Als der jetzige König dieses Regiment trennete, ward er zum ältesten Premierlieutenant bey dem dritten Bataillon Garde, und 1741 den 24 May zum Stabshauptmann ernennet, in welcher Stelle er den Feldzügen des ersten schlesischen Krieges beywohnte. 1743 den 30ten Merz ward ihm bey dem gröbenschen Regimente die Compagnie des Hauptmanns Hans Heinrich Grafen von Flemming ertheilt. 1756 den 7 Jul. ward er zum Obristwachtmeister, 1758 zum Commandeur des Regiments, 1760 den 6ten Febr. zum Obristlieutenant, und 1761 den 6ten Febr. zum Obersten ernennt. 1766 den 15ten Junius aber ihm das münchowsche Fuselierregiment ertheilet. In dem zweyten schlesischen Kriege wohnte er 1744 der Belagerung von Prag, ferner 1745 der Action bey Habelswerth und Catholischhennersdorf, den Schlachten bey Hohenfriedberg und Soor, in dem letzten Kriege aber 1757 der Schlacht bey Groß=Jägerndorf in Preussen 1758 der Schlacht bey Zorndorf, 1759 dem Feldzuge in schwedischen Pommern und Mecklenburg, 1760 dem

§. 14.
Von den Inhabern der Compagnien seit Stiftung des Regiments.

Wie die Compagnien bey der Errichtung des Regiments dem Range nach gestanden, ist oben aus dem ersten Absatze dieser Geschichte zu ersehen. Man wird sie also hier nach derjenigen Ordnung abhandeln, in welcher sie jetzo stehen.

I. Die Leibcompagnie hat folgende Inhaber gehabt.
1. Der Herr Obrist Gustav Bogisl. v. Münchow bekam sie im Oct. 1740 und starb den 12ten Junius 1766.
2. Herr Obrister Henning Alexander v. Kleist bekam sie den 15ten Junius 1766.

II. Die Compagnie des Herrn Obristen und Commandeurs Ludwig von Gohr.
1. Herr Hauptmann Bernhard Philipp von Bandemer, starb den 10ten Junius 1742.
2. Herr Ludwig von Gohr bekam solche den 20ten Jul. 1742, jetziger Obrister und Commandeur.

III. Die

dem in Sachsen, 1761 und 1762 dem in Schlesien bey. In dem letzten Jahre befand er sich in den Angriffen bey Adelsbach und böhmisch Friedland. Besonders führte er in dem Angrif der verschanzten Berge bey Leutmansdorf das Regiment mit so viel Tapferkeit und Ueberlegung an, daß ihm der König den Orden pour le merite gab. Er vermählte sich mit der zweyten Fräulein Tochter Ihro Excellenz des verstorbenen königl. preußischen Generallieutenants Herrn Franz Ulrich von Kleist, Hedwig Charlotte Christiane, welche von der gleichfals verstorbenen Frau Louise Eleonora, gebohrner Freyfrau von Putlitz 1725 den 9 Oct. zur Welt gebohren worden, aber im Jahre 1765 mit Hinterlassung zweyer Fräulein, Sophie und Anne, diese Welt bereits verlassen hat.

III. Die Compagnie des Herrn Obristlieutenants von Woldeck.
1. Herr Obristlieutenant Philipp Bogislaf v. Schwerin, im Oct. 1740, bekam den 14 Dec. 1744 das erledigte Regiment von Varenne.
2. Herr Hauptmann Henning Ernst von Bär, den 19 Dec. 1744, bekam 1753 die Grenadiercompagnie des Hauptmanns von Asseburg.
3. Herr Hauptmann Hans Christoph v. Woldeck, den 28 May 1753 jetziger Obristlieutenant.

IV. Die Compagnie des Herrn Obristwachtmeisters Julius von Bülow.
1. Herr Hauptmann Friedr. August von Schenkendorf, den 24ten Jun. 1740, ward 1756 Obristwachtmeister und bekam die zweyte Grenadiercompagnie.
2. Herr Hauptmann Henning Ernst von Bär, ward den 17ten Febr. 1757 Obristwachtmeister und Commandeur eines Grenadierbataillon.
3. Herr Hauptmann Friedr. Wilh. v. Stabel, blieb den 18 Jun. 1757 in der Schlacht bey Collin.
4. Herr Hauptmann Otto Siegmund von Unruh, ward Obristwachtmeister, und erhielt den 21ten Merz 1763 seine Erlassung.
5. Herr Obristwachtmeister Julius von Bülow, von dem vormaligen röbelschen Regimente.

V. Die Compagnie des Herrn Obristwachtmeisters Ludwig Gottlob von Beville.
1. Herr Hauptmann Johann Siegmund v. Lewald, den 24ten Jun. 1740, ward Obrister und bekam den 1ten Merz 1763 die gesuchte Erlassung.
2. Herr Obristwachtmeister Justus Samuel von Wittich, von dem vormaligen röbelschen Regimente, ward 1764 den 6ten May in gleicher Würde zu dem Fuselierregimente von Bülow gesetzet.

3. Herr Obristwachtmeister Ludwig Gottlob v. Beville, von dem bülowschen Fusilierregimente.

VI. Die Compagnie des Herrn Hauptmanns Johann Friedrich von Wagenknecht.

1. Herr Obristwachtmeister Johann Dietrich v. Hülsen, ward 1754 Generalmajor, und bekam 1756 das erledigte bredowsche Regiment zu Fuß.
2. Herr Hauptmann Adam Friedr. v. Görne, starb den 17ten Jenner 1758.
3. Herr Hauptmann Johann Friedr. v. Wagenknecht, seit dem 5ten Febr. 1758.

VII. Die Compagnie des Herrn Hauptmanns Daniel George von Radecke.

1. Herr Obristwachtmeister Wilhelm v. Saldern, ward 1756 Generalmajor.
2. Herr Hauptmann Fabian Wilhelm v. Schönaich, starb den 25ten Jul. 1758.
3. Herr Hauptmann Daniel George von Radecke, seit dem 27ten Jul. 1758.

VIII. Die Compagnie des Herrn Hauptmanns Moritz Eggert von Briesewitz.

1. Herr Hauptmann Martin Heinrich v. Gottberg, starb als Obristwachtmeister den 5ten Febr. 1745.
2. Herr Obristwachtmeister Jul. Dietr. v. Queis, den 20ten Febr. 1745, ward Generalmajor, und bekam den 1ten Merz 1759 das erledigte Regiment von Geist Fußvolk.
3. Herr Hauptmann Moritz Eggert von Briesewitz, den 28ten Febr. 1759.

von Kleist.

IX. Die erste Grenadiercompagnie des Herrn Hauptmanns Carl Friedrich von Bock.

1. Herr Hauptmann Johann Friedrich v. Asseburg, 24 Junius 1740, ward 1753 Obristwachtmeister und bekam die kleistsche Füseliercompagnie.
2. Herr Hauptmann Henning Ernst v. Bär, 1753 den 28ten May, bekam 1756 die schenkendorfische Fuselier=compagnie.
3. Herr Obristwachtmeister Friedrich August v. Schenkendorf, bekam als Generalmajor den 5ten Jun. 1759 das Regiment von Putkammer Fußvolk.
4. Herr Hauptmann Gottlob Heinrich v. List, ward den 3ten Jul. 1763 der Dienste erlassen.
5. Herr Hauptmann Carl Friedrich von Bock.

X. Die Compagnie des Herrn Hauptmanns Philipp Lambert von Beauvrye.

1. Herr Hauptmann George Friedr. v. Kleist, den 24 Junius 1740, ward Obristwachtmeister, und 1753 den 28ten May zum Regiment von Borck jetzo Jungstutterheim gesetzt.
2. Herr Obristwachtmeister Johann Friedr. v. Asseburg, ward Obrister, und den 25ten Merz 1763 der Dienste erlassen.
3. Herr Hauptmann George Ulrich v. Viereck, vom vormaligen röbelschen Regimente, bekam den 12ten Jun. 1764 die gesuchte Erlassung.
4. Herr Hauptmann Philipp Lambert von Beauvrye.

XI. Die Compagnie des Herrn Hauptmanns Ferdinand Gottlob von Mickulitz.

1. Herr Hauptmann Thomas Valentin v. Eimbeck, 24 Junius 1740, starb den 7ten Febr. 1745.
2. = = = Adam Henning von Kamecke, den 22ten Febr. 1745, blieb als Obristwachtmeister den 25 Oct. 1759 in dem Gefechte bey Dommitsch.

3. Herr Hauptmann Johann Wilh. v. Bandemer den 3 Nov. 1759, ward 1765 den 31ten May Commendant des Fort Preussen bey Neisse.
4. = = = Ferdin. Gottl. von Mickulitz, den 29ten Junius 1765.

XII. **Die zweyte Grenadiercompagnie des Herrn Hauptmanns Casimir Ernst Friedrich von Schmettau.**

1. Herr Hauptmann Julius Dietrich von Queis, 24ten Jun. 1740 ward den 20 Febr. 1745 Obristwachtmeister, bekam die Fuseliercompagnie des verstorbenen Obristwachtmeister von Gottberg.
2. = = = Joh. Friedr. von Wiersbitzki, den 20ten Febr. 1745, erhielt die gesuchte Erlassung den 11ten Febr. 1757.
3. = = = Dionysius von Callagan, starb den 31ten Dec. 1758.
4. = = = Johann Christoph von Treskow, den 6ten Jenner 1759, ward auf sein Ansuchen der Dienste erlassen den 3ten Jul. 1763.
5. = = = Friedrich von Mizschefal von dem vormaligen röbelschen Regimente, starb den 20ten Sept. 1766.
6. = = = Casimir Ernst Friedr. v. Schmettau, den 28ten Sept. 1766.

§. 15.
Von den seit Stiftung des Regiments bis zum 1 Julius 1767 abgegangenen Herrn Officiers.

1. Herr Fähnrich von Artuschefski ward den 3ten Febr. zu der spandauschen Garnisoncompagnie gesetzet. Er war aus Preussen gebürtig, hatte zwey Jahr bey dem Regimente von Flans als Fahnenjunker gedient, und ward 1740 als Fähnrich zu diesem Regimente gesetzet.

2. Herr

2. Herr Souslieutenant von Herbert, Jacob, bekam den 4ten Merz seine Erlaſſung, er war aus Frankreich gebürtig, und hatte unter dem groſſen Potsdammer Regimente 10 Jahr als Unterofficier geſtanden, als er 1740 zu dieſem Regimente als Souslieutenant geſetzet ward.

3. = Fähnrich von Appel, Franz Anton, ſtarb den 28ten Merz. Er ſtammte aus einem Freyherrlichen Geſchlechte, welches aus den Niederlanden nach der Churmark Brandenburg gekommen, und ſein Aufnehmen beſonders dem Churfürſten Friedrich Wilhelm dem groſſen zu danken hat.

4. = Souslieutenant von Milchling, Carl Friedrich, ward den 1ten Dec. unter das Beſatzungsregiment von Thymen, jetzo Berner, geſetzet. Er ſtammte aus dem alten reichsritterſchaftl. Geſchlechte, Schutzbar, genannt Milchling, und hatte vorher neun Jahr unter dem heſſencaſſelſchen Regimente von Diemar gedienet, als er 1740 als Souslieutenant bey dieſem Regimente in preußiſche Dienſte kam.

5. = Souslieutenant von Plötz, Hans George, ward den 16ten Jan. 1742 unter das Beſatzungsregiment von Stechaw als Premierlieutenant geſetzet, und ſtarb bey ſelbigem den 23ten May 1742. Er war aus Pommern gebürtig und diente bey dem Potsdammer Leibregimente als Unterofficier, von da er 1740 als Souslieutenant bey dieſes Regiment geſetzet ward.

6. = Souslieutenant von Troſt, ward den 26ten Jenner bey das Beſatzungsregiment von Bredow jetzo Jung Putkammer geſetzet. Er ſtand bey dem Potsdammer Leibregiment als Unterofficier, und ward 1740 als Souslieutenant bey dieſes Regiment geſetzet.

7. = Souslieutenant von Langen, Friedr. Anton, ward den 20ſten May bey das Beſatzungsregiment von Stechow als Premierlieutenant geſetzet. Er war aus Weſtphalen gebürtig, und hatte, ehe er 1740 als Souslieutenant zu dieſem Regimente kam, 13 Jahre als Unterofficier unter dem Potsdammer Leibregiment geſtanden. 1749 den 15 May ward er zum Stabshauptmann obbeſagten damals lehmanſchen Beſatzungsregimente, 1752 aber zum Policeyburgermeiſter der ſchleſiſchen Stadt Grünberg, er nennet.

8. = Hauptmann v. Bandemer, Bernhard Philipp, ſtarb den 10ten Junius 1742 zu Neuſtadt in Oberſchleſien. Er ſtammte aus einem alten adelichen pommerſchen Geſchlechte, und war der älteſte Sohn Herrn Hans George aus dem Hauſe wendiſchen Buckow bey Stolpe, der als kaiſerlicher

Cornet

Cornet gedient, und ihn mit Frau Barbara Dina, Tochter Herrn Tobias von Rotenberg gezeuget. Nachdem er 6 Jahr bey den Cadets gedient, kam er zu dem kalksteinischen Regimente Fußvolk, bey welchem er zuletzt Lieutenant und Adjutant war, als er 1740 den 24ten Junius eine Compagnie bey Münchow bekam. Sein Herr Vater, welcher seinem ältern Bruder wendischen Buckow überlassen, nahm von seinen Schwägern Hohenholz, und das dazu gehörige Antheil von Solteneck im neustettinschen Kreise an, und zeugte 14 Kinder, davon Herr Bernhard Philipp der älteste war, 2) Herr Georg als Lieutenant des Regiments Kleist, jetzo Steinkeller zu Oberlauingen in Schwaben auf Werbung gestorben, 3) Herr Adrian unten unter der 70ten Numer, und 4) Herr Hans Wilhelm unter der 98ten Nummer vorkommt. Sieben Kinder starben in des Vaters Hause. Von den Töchtern ward die älteste Marie 1739 mit dem gewesenen Lieutenant von Lemke zu Stabehn, vermält, und starb 1757. Die jüngere Ilse Juliane Henriette, heyrathete ungefehr 1746 den Landrath Carl Egidius von der Osten auf Burze, und ist Witwe. Der jüngste Bruder Ernst Bogislaf ist Hauptmann des Regiments Steinkeller Fußvolk.

9. Herr Premierlieutenant von Lüderitz, Johann Christoph, kam den 1ten Julius vom Regimente. Er war aus einem alten in der Markbrandenburg blühenden adelichen Geschlechte entsprossen, und ein Bruder des königl. preußischen Regierungspräsidenten im Fürstenthum Halberstadt, Herrn Samuel Ludwig von Lüderitz. Bis 1740 da er als Premierlieutenant zu diesem Regimente gesetzet ward, stand er als Lieutenant bey dem Bataillon von Kröcher.

1744. 10. = Premierlieutenant Bonnet, Jacob, ward den 7ten August bey das Besatzungsbataillon von Weyher gesetzet. Er war aus Frankreich gebürtig, diente 17 Jahr 10 Monate bey dem grossen Potsdammerregimente, zuletzt als Unterofficier, kam 1740 als Souslieutenant zu Münchow, und ward den 16ten Junius 1743 Premierlieutenant.

11. = Secondelieutenant von Bredow, Caspar Jacob, ward den 7ten August auf sein Ansuchen wegen Verrenkung des Fußes verabschiedet. Er ist der zweyte Sohn, Herrn Hans Christoph Balthaser, Erbherren auf Friesack, und 1718 den 1ten May gebohren, hatte anfänglich den berühmten Venzki zum Hofmeister, kam hernach auf die Ritterschule zu Brandenburg, ward 1737 Fahnenjunker

des

des Prinz Leopoldischen Regiments Fußvolk, bekam aber 1744.
Erlaubniß bis 1738 die Universität Halle zu besuchen,
ward 1740 ältester Fähnrich münchowschen Regiments,
und 1741 Secondelieutenant. Er lebt noch zu Liepe in
der Churmark, und ist Erbherr auf Friesack, Liepe und
Lochow. Sein älterer Herr Bruder George Christoph
Ludwig, welcher als Lieutenant Regiments Prinz Ferdinand von Preußen den Abschied genommen, starb 1764.

12. Herr Obrister von Schwerin, Philipp Bogislaf,
bekam den 14ten Dec. das erledigte Regiment von Varenne, und ist 1751 zu Berlin als Generallieutenant gestorben. In der Geschichte des Regiments von Lottum wird
von ihm mehrere Nachricht zu finden seyn.

13. - Obristwachtmeister von Gotberg, Martin Heinrich, starb den 5ten Febr. Er war aus Pommern gebürtig, und ward, nachdem er vorher 17 Jahr und 6 1745.
Monate bey dem kalksteinschen Regimente gestanden, und
bis zur Stelle eines Stabshauptmanns gestiegen, den 24
Jun. 1740 als ältester Hauptmann zu Münchow gesetzet.
1741 den 13ten August nahm er für den König in Liegnitz
die Huldigung ein, und 1743 den 10ten Junius ward er
zum Obristwachtmeister ernennt. Seine Gemahlin war
eine Tochter des 1747 den 26ten Jun. verstorbenen kaiserl.
Generalfeldmarschall Lieutenants, Wilhelm Moritz, Freyherrn von Noth, und einer gebohrnen Freyin von Dungern.

14. - Hauptmann von Eimbeck, Thomas Valentin,
starb den 7ten Febr. 1745. Er war aus einem alten
adelichen in der Altmarck blühenden Geschlechte entsprossen, und kam, nachdem er 8 Jahr und 9 Monate unter
den Cadets gedienet, zu dem Regimente von Kalkstein,
bey diesem diente er 8 Jahr und 5 Monate, und brachte
es bis zur Premierlieutenantsstelle. 1740 den 24ten Junius bekam er eine Compagnie bey Münchow.

15. - Premierlieutenant von Schlieben, Wolfgang
Christoph, starb den 29ten Febr. Er stammte aus einem alten preußischen adelichen Geschlechte her, war 1705
gebohren, ging 1719 in Dienste, diente 4 Jahr bey den
Cadets, und 17 Jahr bey dem Regimente Prinz Heinrich,
jetzo Wunsch. Den 11ten August 1740 ward er Premierlieutenant, und in dieser Stelle zu Münchow gesetzet.

16. - Fähnrich von Mitzlaf, Wilhelm Leopold, ward 1746.
den 2ten April verabschiedet. Er war aus Pommern,
woselbst sein adeliches Geschlecht eines der ältesten ist, entsprossen, und ein Sohn Herrn Carl Gustav auf Schwu-

v. Kleist. E chow,

1746. chow, der 1750 im Jenner gestorben, und unter König Karl XII. schwedischer, hernach aber polnischer Hauptmann gewesen, und Frauen Catharine Marie, gebohrner von Bandemer, welche 1757 im Februar verstorben. Er ist seit 1748 mit einer gebohrnen Fräulein von Nehrhof vermählt. Von seinen Herrn Brüdern steht Herr Franz Gustav, als Obristwachtmeister und Commandeur des krockowschen Dragonerregiments, und Herr Ernst Bogislaf als Hauptmann moselschen Regiments Fußvolk in königlichen preußischen Diensten; Herr George Moritz ist 1742 an der in der Schlacht bey Czaslau empfangenen Wunden als Lieutenant Regiments la Motte, jetzo Rosen, Herr Carl Friedrich als Lieutenant, eben dieses Regiment den 10ten May 1742 zu Leutomischel, und Herr Daniel Henning den 31ten Oct. 1755 zu Glatz als Hauptmann Fuselierregiments Fouque gestorben. 1742 den 16 Jenner ward er zum Fähnrich ernennet.

17. Herr Souslieutenant von Haugwitz, Caspar Heinrich, erhielt den 13ten Junius die gesuchte Erlassung. Er war aus einem alten in Sachsen blühenden adelichen Geschlechte entsprossen, und hatte noch nicht gedienet, als er 1740 zum Fähnrich dieses Regiments ernennet ward. Am 20 Jul. 1742 ward er zum Souslieutenant ernennet.

1747. 18. ⸗ Fähnrich von Vitzthum, Rudolf Ferdinand, verlohr unversehens den 13ten Jun. in der Havel bey Brandenburg das Leben. Er stammte aus einem sehr alten adelichen sächsischen Geschlechte her, und ward den 10ten Nov. 1745 zum Fähnrich ernennet.

19. ⸗ Fähnrich von Folgersberg, Christian Ludwig, kam den 13ten Junius in der Havel unversehens ums Leben. Er war aus einem schlesischen alten Geschlechte entsprossen, und ward im Junius 1746 zum Fähnrich ernennet.

1748. 20. ⸗ Stabshauptmann von Eckart, Johann Philipp, bekam den 9ten May eine Compagnie bey dem Regimente Hautcharmoi, bey welchem er 1758 als Obristwachtmeister an der bey Bautsch empfangenen Wunde gestorben. In der Geschichte des jetzigen Regiments von Thiele ist also mehrere Nachricht von ihm zu suchen.

21. ⸗ Secondelieutenant von Below, August Ludwig, ging den 23ten Dec. ab. Er war von demjenigen Zweige dieses alten adelichen Geschlechts, welcher sich in Sachsen ansäßig gemachet, und ward, nachdem er viertehalb Jahre bey dem Bataillon von Beaufort gedienet, 1740 zum Fähnrich

rich dieses Regiments, 1744 den 19ten Dec. aber zum 1748.
Souslieutenant ernennet.

22. Herr Secondelieutenant von Schliefen, **Christian** 1749.
Heinrich, erhielt den 13ten Febr. die gesuchte Erlassung.
Er stammte aus einem adelichen pommerschen Geschlechte,
ward den 24ten May 1742 zum Fähnrich, und 1748 im
May zum Secondelieutenant ernennet.

23. Secondelieutenant von Bardel, Joseph, bekam
den 3ten Junius die Erlassung. Er war aus Frankreich
gebürtig, diente Frankreich ein Jahr als Cadet, und 9
Jahr als Fähnrich des Dragonerregiments d'Armenonville,
kam 1740 als Fähnrich münchowschen Regiments in preussische Dienste, und ward den 7ten August 1744 zum Secondelieutenant ernennet.

24. Premierlieutenant Fink, Johann Christoph,
ward den 11ten Julius in gleicher Würde bey das Invalidencorps gesetzet, bey welchem er den 10ten April 1765
gestorben. Er war aus Merseburg in Sachsen gebürtig,
und hatte 13 Jahr unter dem grossen Potsdammer Leibregiment, zuletzt als Unterofficier gedient, ward 1740 als Souslieutenant zu Münchow gesetzet, und den 20ten Julius
1742 zum Premierlieutenant ernennet.

25. Stabshauptmann von Warnstedt, Friedrich
Wilhelm, bekam den 14ten Julius eine Compagnie bey
dem Regimente von Bogislaf von Schwerin, jetzo Lottum.
Er war aus einem alten adelichen Geschlecht in der Prignitz entsprossen, und diente zuerst 3 Jahr 2 Monate bey den
Cadets, sodenn 11 Jahr bey dem glasenapp jetzo zeunertschen
Regimente Fußvolk, bey welchem er Secondelieutenant war,
als er 1740 zum Premierlieutenant des münchowschen Regiments ernennet ward. 1746 den 22ten Febr. ward er
zum Stabshauptmann erkläret.

26. Secondelieutenant Reichsgraf von Burghauß,
Carl Sylvius, ward den 10ten Novembr. auf sein Ansuchen verabschiedet, und ist den 10ten Merz 1766 zu Su-
lau, von welcher schlesischen freyen Herrschaft er Erbherr war, gestorben. Er stammte aus einem alten und
ansehnlichen schlesischen gräflichen Geschlechte her, und
war der älteste Sohn Herrn Nicolaus Sylvius Joseph, der
den 2ten Dec. 1736 gestorben. Seine Frau Mutter, Sophie Angelicke, gebohrne von Siegroth, welche 1756 den
29ten August gestorben, brachte ihn den 14ten May 1721
zur Welt. 1744 den 7ten August ward er zum Secondelieutenant dieses Regiments ernennet, und wohnte dem

1749. Feldzügen bis zu Ende 1745 bey. 1751 den 10ten Febr. vermählte er sich mit Frau Sophie Elisabethe, gebohrner von Kalkreut, Wittwe des königlichen preußischen Präsidenten der Oberamtsregierung zu Glogau, Carl August von Böhmer, welche den 1ten Febr. 1727 geboren worden. Folgende Kinder waren die Früchte dieser Verbindung. 1) Hans Wilhelm Sylvius, gebohren 1752 den 24ten May. 2) Sophie Beata, gebohren 1753 den 22 Sept. 3) Angelicke Christiane Fridericke, gebohren den 6ten Oct. 1754 starb den 3ten April 1758. 4) Josepha Heinrietta Rudolfine, gebohren 1756 den 27ten Julius, starb den 22ten Oct. 1756. 5) Christiane Augustine Heinriette, gebohren den 24ten April 1758 starb den 7ten May 1759.

1750. 27. Herr Fähnrich von Götz, Ludwig, ward den 9ten Septembr. verabschiedet. Er war erst im Julius 1749 zum Fähnrich ernennet worden.

1751. 28. = Secondélieutenant von Esmann, George Hermann, ward den 24ten Nov. verabschiedet. Er war aus dem Herzogthum Mecklenburg gebürtig, diente fünf Jahr unter dem chursächsischen Regimente Sultofski Fußvolk, trat 1740 als Fähnrich dieses Regiments in preußische Dienste, und ward 1742 den 20ten Julius zum Secondelieutenant ernennet.

1752. 29. = Secondelieutenant von Lettow, Hector Georg, kam den 27ten Merz vom Regimente. Er war aus einem alten pommerschen adelichen Geschlechte entsprossen, diente vier Jahr und 5 Monate unter den Cadets, hernach 8 Jahr und 4 Monate als Fahnenjunker des Leopold Anhaltischen Regiments, ward 1740 Fähnrich münchowschen Regiments, und den 22ten Febr. 1745 Secondelieutenant.

30. Secondelieutenant von Borck, Carl Friedrich Wilhelm, ward den 23ten May zum Kriegs= und Domainenrath der Kammer zu Minden ernennet. Er war aus Pommern entsprossen, und ward den 13ten Julius 1744 zum Fähnrich dieses Regiments, 1749 im Julius aber zum Secondelieutenant ernennet.

1753. 31. = Obristwachtmeister von Kleist, George Friedrich, ward den 28ten May in gleicher Würde bey das Regiment von Bork, jetzo Jung Stutterheim, gesetzet. Er stammte aus einem alten pommerschen adelichen Geschlechte, und war 1707 in Preußen gebohren, diente 3 Jahre bey den Cadets, denn 15 Jahr 11 Monate bey dem glasenapschen, jetzo zeunertschen Regimente zu Fuß, bey

welchem

welchem er Premierlieutenant und Adjutant war, als er 1753.
den 24ten Jun. 1740 eine Compagnie bey dem münchow=
schen Regimente bekam. Den 7ten Jenner 1745 ward er
zum Obristwachtmeister ernennet. Er vermählte sich
1751 mit der Witwe des königlich preußischen Obristen
von dem Haacke, jetzo zeunertschen Regimente, Ewald We=
dig von Massau, stieg bey dem borckschen Regimente bis
zum Obristen, ward 1758 Generalmajor, und bekam
das rautern, jetzo thaddenfche Regiment zu Fuß, und
nahm 1761 den Abschied. In der Geschichte des Regi=
ments von Thadden muß mehrere Nachricht von ihm ge=
geben werden.

32. Herr Secondelieutenant von Davier, Christian Frie=
drich, ward den 7ten Sept. verabschiedet. Er war aus
einem in dem Fürstenthum Anhalt blühenden Geschlechte
entsprossen, ward 1747 im Jun. zum Fähnrich, und 1752
im May zum Secondelieutenant ernennet.

33. = Premierlieutenant von Görtzke, Carl Franz, starb 1754.
den 22ten Jenner. Das adeliche Geschlecht, aus welchem
er entsprossen war, blühet in dem Herzogthum Bergen.
Er stand vorher 15 Jahre 9 Monate bey dem kronprinz.
Regimente zu Fuß, und war desselben Secondelieutenant,
als er 1740 den 11ten August zum Premierlieutenant die=
ses Regiments ernennet ward.

34. = Secondelieutenant von Belling, Ludwig Fabian,
starb den 29ten Jenner. Er stammte aus einem in Preus=
sen und in der Mark blühenden adelichen Geschlechte,
ward den 16ten Sept. 1742 Fähnrich, und 1749 im Fe=
bruar Secondelieutenant.

35. = Secondelieutenant von Mandelsloh, Gottlieb
Hermann, ward den 20ten May verabschiedet. Sein
altes adeliches Geschlecht ist vorzüglich im Herzogthum Meck=
lenburg berühmt und ansäßig. Er ward 1741 im Dec.
zum Fähnrich, und 1745 den 10ten Nov. zum Seconde=
lieutenant ernennet.

36. = Premierlieutenant Schmalz, Alexander Friedrich,
starb den 29ten Oct. Er war Feldwebel des Regiments,
als er 1741 den 18ten April zum Secondelieutenant ernen=
net ward. 1749 im Julius ward er Premierlieutenant.

37. = Fähnrich von Münchow, George Wilhelm, 1755.
starb den 24ten Nov. Er war der zweyte Sohn Georg
Friedrich auf Nassow und Seger, und Frau Anne Eu=
phrosine, gebohrnen von Kleist aus dem Hause Damm,
1754 im May ward er zum Fähnrich ernennet.

38. Herr

1756. 38. Herr Generalmajor von Hülsen, Johann Dietrich, bekam den 26ten Febr. das erledigte Regiment Fußvolk, des verstorbenen Generallieutenants Asmus Ehrenreich von Bredow, und ist den 29ten May 1767 als Generallieutenant, Gouverneur zu Berlin, und Ritter des schwarzen Adlerordens gestorben. Siehe von ihm die Geschichte seines Regiments.

39. = Obrister von Saldern, Wilhelm, ward den 11 Julius zum Generalmajor ernennt. Er war aus einem alten in der Churmark Brandenburg blühenden Geschlechte entsprossen. Sein Herr Vater war Bernhard von Saldern, der als Erbherr der Güter Garz und Neckenthin 1714 verstorben. Seine Frau Mutter Anna Dorothea, Tochter Heinrich Rudolphs von Ingersleben aus dem Hause Schnepkau in der Prignitz, brachte ihn den 7 August 1720 zur Welt. Nachdem er von geschickten Hauslehrern bis ins 14te Jahr unterrichtet worden, setzte ihn König Fridrich Wilhelm unter die Cadets zu Magdeburg, und 1717 unter die zu Berlin. 1720 ward er bey dem wartenslebenschen Regiment zu Fuß Fahnenjunker, und in eben dem Jahre Fähnrich, 1722 Secondelieutenant, 1726 Premierlieutenant, und 1737 Stabshauptmann, 1739 bekam er eine Compagnie. Der jetzige König ernennte ihn den 26ten Junius 1740 zum Obristwachtmeister des münchowschen Regiments, 1745 ward er bey der den 18ten Merz bekannt gemachten grossen Beförderung, jedoch mit dem Range vom 17ten Dec. 1744 zum Obristlieutenant, und 1747 bey der berlinischen Musterung mit dem Range vom 31ten May zum Obristen ernennet. 1756 im Febr. ward er Commandeur des Regiments. Den 11ten Julius 1756 Generalmajor, und im Oct. eben dieses Jahres gab ihm der König das aus dem sächsischen Regimente Sachsen Gotha, das bey Pirna gefangen worden, errichtete preußische Regiment Fußvolk. Sein Todt erfolgte den 26ten Julius 1758, da eine Kugel ihm bey dem österreichischen Angriffe auf Königingrätz das Leben raubte. Er war ein sehr geschickter Feldherr. Unter dem vorigen Könige ward er auf Werbungen in Teutschland, Elsaß und Lothringen nützlich gebrauchet. In dem ersten schlesischen Kriege befehligte er bis zu Ende des 1741 Jahres ein Grenadierbataillon, welches aus den 2 Compagnien von Münchow, und 2 Compagnien des anhaltzerbstschen Regiments bestand, mit welchem er bey dem Sturm auf Glogau, der Belagerung von Brieg, und

Schlacht

Schlacht bey Molwitz nützliche Dienste leistete. 1744 war 1756. er bey der Belagerung von Prag, und 1745 bey dem Feldzuge in Oberschlesien. In der Schlacht bey Prag ward er 1757 durch einen Schuß unter dem rechten Schulterknochen verwundet, der ihn von dem Heer zu gehen nöthigte, nachdem er noch zwey Stunden auf dem Wahlplatze zu Pferde geblieben. 1758 machte er sich durch den klüglich veranstalteten Rückzug von Troppau verdienet. Bald darauf aber raubte ihm eine Kugel das Leben, als er bey Königingrätz den Nachzug des Heeres decken sollte. Er vermählte sich am 26ten Merz 1738 mit Frauen Sophie Charlotte, Tochter des königlich preußischen Kammergerichtsraths, Herrn Friedrich August von Saldern, Erbherrn auf Wilsnack, welche ihm geboren, 1) Fräulein Dorothea Charlotte Amalia, gebohren zu Gärz den 18ten Novembr. 1742. 2) Fräulein Johanne Louise, gebohren zu Garz den 6ten April 1748, starb den 2ten Merz 1750. 3) Herr Rudolf Christoph Gustav, gebohren zu Brandenburg den 23ten August 1752, gestorben den 12 Jenner 1753. 4) Fräulein Sophie Friederike, gebohren den 7ten August 1754. Bey einer Grösse von 5 Fuß und 7tehalb Zoll hatte der verstorbene, einen sehr gesunden Körper. Sein Verstand war aufgeklärt, seine Gesinnungen edel, gegen Freunde und Verwandte war er zärtlich und wohlthätig, gegen Niedere bescheiden, für des Königs Dienste treu und eifrig. Der König schickte ihn 1740 an die bayreuth- und sächsische Höfe, und er wies daselbst, daß er eben ein so guter Hofmann, als Kriegsmann sey. Von seinen Herrn Gebrüdern ist 1745 Herr Christian als königlich preußischer General und Commendant zu Cosel verstorben, Herr Rudolf aber, welcher Obristlieutenant des Bataillon Grenadiersgarde gewesen, lebt noch. Siehe mehrere Lebensumstände und Geschlechtsnachrichten in Pauli Leben grosser Helden. Theil 3 S.43-70.

40. Herr Secondelieutenant v. Kracht, Caspar Friedrich, ward den 26ten August bey eine Invalidencompagnie nach Sommerfeld gesetzt. Er ward den 22ten Febr. 1745 Fähnrich, und 1752 im April Secondelieutenant.

41. ‒ Secondelieutenant von Eichstedt, Christian Wilhelm, kam vom Regimente den 26ten August. Er war aus Pommern gebürtig, ward 1749 im Novembr. Fähnrich, und 1756 im Julius Secondelieutenant.

42. ‒ Secondelieutenant von Bruyn, Gustav Adolph, starb den 5ten Oct. an der den 1ten Oct. in der Schlacht

1756. bey Lowositz empfangenen Wunde. Er ward den 16ten Sept. 1742 Fähnrich, und 1748 im Dec. Secondelieutenant.

43. = Premierlientenant von Walter, Johann Friedrich, ward den 21ten Dec. als Premierlieutenant bey das Invalidencorps zu Berlin gesetzet, woselbst er den 3 Junius 1748 gestorben. Er war aus Pommern gebürtig, stand 6 Jahr und 1 Monat bey den Cadets, hernach 6 Jahr 10 Monate als Unterofficier bey des vorigen Königs grossem Potsdammer Leibregimente, und ward 1740 Secondelieutenant des münchowschen Regiments, 1745 den 10ten Nov. aber Premierlientenant.

1757.44. = Grenadierhauptmann von Wiersbitzki, Johann Friedrich, ward den 11ten Febr. auf sein Ansuchen verabschiedet. Er stammt aus einem sehr alten ursprüngl. polnischen nun aber im Königreich Preussen ansäßigen adelichen Geschlechte her, das mit dem hungarischen berühmten corvinschen Hause einerley Stammvater hat. Sein Herr Vater, Daniel, nahm nach dem utrechter Frieden als preußischer Lieutenant des dönhof= jetzo canitzischen Regiments Fußvolk wegen erhaltener Wunde den Abschied, und kaufte in Preussen Gehlweide, Dorschen, Wilkoschen, Reckowcken und Ostrowken. Seine Frau Mutter eine gebohrne von Rauter, brachte ihn zu Anfang des Jahres 1714 zu Gehlweiden zur Welt. 1729 kam er unter die Cadets, 1730 ward er Fahnenjunker des röselerschen Bataillons zu Geldern, 1733 Fähnrich desselben, hernach Secondelieutenant, und 1740 als ältester Premierlieutenant zu dem münchowschen Regimente gesetzet. 1742 ward er Stabshauptmann, und den 20ten Febr. 1745 bekam er die erledigte Grenadiercompagnie des Hauptmanns von Queis, 1757 erhielt er wegen kränklicher Umstände den gesuchten Abschied, und nahm die väterliche Güter in Besitz. 1754 vermählte er sich mit Fräulein Christine Elisabeth, Tochter des königlich preußischen Landesdirectoris in der Prignitz, Herrn Ernst Wilhelm von Grävenitz, welche ihm gebohren, 1. Wilhelmine, gebohren 1755. 2. Wilhelm, gebohren 1756. 3. Friedrich, gebohren 1757. 4. Christine, gebohren 1761. 5. Carl, gebohren 1763. Folgendes sind seine jüngere Herren Brüder, 1. Herr George Ludwig, königlich preußischer Obrister und Commandeur des Dragonerregiments Czetteritz. 2. Herr Gottlieb Wilhelm, der 1757 als Hauptmann des hülsischen Regiments Fußvolk den Abschied genommen. 3. Herr Johann

Johann Siegmund, Lieutenant des Regiments Syburg 1757. zu Fuß.

45. Herr Hauptmann von Bär, Henning Ernst, ward den 14ten Febr. Obristwachtmeister und Commandeur eines Grenadierbataillons, das aus den vier Grenadiercompagnien der beyden 1756 aus sächsischen Völkern errichteten preußischen Regimenter Flemming und Wietersheim bestand. Nachdem solches in eben dem Jahre untergesteckt worden, bekam er ein anderes, das aus 2 Compagnien von Mosel, und 2 von jung Schenkendorf bestand. Nach geschlossenem Frieden kam er als Commandeur zu dem hülsischen Regimente, ward in der Folge Obrister, und 1765 mit 400 Thlr. Gnadengehalt verabschiedet. In der Geschichte des Regiments Hülsen soll mehrere Nachricht von ihm folgen.

46. = Hauptmann von Stabel, Friedrich Wilhelm, beschloß sein Leben den 18ten Junius in der Schlacht bey Collin. Er war aus Schlesien gebürtig, und diente vorhero bey dem schulenburgischen Regimente Grenadiers zu Pferde 8 Jahr und 10 Monate, ward bey selbigem Fähnrich, und 1740 als Secondelieutenant zu dem münchowschen Regimente gesetzet. 1744 den 7ten August ward er zum Premierlieutenant, 1756 im Jul. zum Stabshauptmann ernennt, 1757 im Febr. bekam er die Compagnie des vorher gedachten Obristwachtmeisters von Bär.

47. = Premierlieutenant von Berner, Johann Christoph, blieb auch den 18ten Junius in der Schlacht bey Collin auf dem Platze. Er war aus einem alten adelichen mecklenburgischen Geschlechte entsprossen, und diente vorher 5 Jahr 11 Monate der Krone Pohlen als Fähnrich der Krongarde, ward 1740 Fähnrich münchowschen Regiments, den 5ten August 1744 Secondelieutenant, und 1756 im Febr. Premierlieutenant.

48. = Premierlieutenant von Nostitz, Caspar Otto, verlohr gleichfals den 18 Jun. bey Collin sein Leben. Er war aus einem alten in Schlesien und Sachsen blühenden Geschlechte entsprossen, ward 1744 den 13ten Julius Fähnrich, 1749 den 10ten Febr. Secondelieutenant, und 1756 im Dec. Premierlieutenant.

49. = Stabshauptmann von Falkenhayn, Johann Ferdinand, starb den 28ten Junius zu Leutmeritz an der Wunde, die er in der Schlacht bey Collin empfangen. Er war ein gebohrner Schlesier, und stand unter dem vorigen Könige als Lieutenant bey der spandauschen Garnison-

1757. compagnie, wozu er den 17ten Oct. 1736 ernennet ward. 1741 ward er den 3ten Febr. statt des Fähnrich von Artuschefski, der in seinen Platz kam, bey das münchowsche Regiment gesetzet, bey welchem er 1748 im May Premierlieutenant, und im Febr. 1757 Stabshauptmann ward.

50. Herr Fähnrich von Thümen, Friedrich Gottlieb, starb den 22ten August in Bautzen. Er war aus einem alten sächsischen adelichen Geschlechte entsprossen, und ward 1756 im Dec. zum Fähnrich ernennet.

51. = Fähnrich von Thümen, der jüngere, Friedrich Lebrecht, starb den 28ten August in der Gefangenschaft. Er war ein Bruder des vorigen, ward 1757 in der Schlacht bey Collin gefangen genommen, und bald darauf zum Fähnrich ernennet.

52. = Secondelieutenant von der Böck, Adam Heinrich, blieb 1757 den 22ten Nov. in der Schlacht bey Breslau. Sein adeliches Geschlecht blühet in Pommern, der Herr Vater Friedrich war kaiserlicher Grenadierhauptmann, und zeugte ihn mit Fräulein Christiane Sophie von Rauchhaupt. Er hat bey dem Regimente vom Freycorporal an gedient, 1749 im Febr. ward er Fähnrich, und 1754 im Febr. Secondelieutenant. Der unten vorkommende Herr Stabshauptmann George Werner von der Böck ist sein jüngerer Herr Bruder.

53. = Premierlieutenant von Lossow, George Dietrich, ward in der Schlacht bey Leuthen den 5ten Dec. erschossen. Er stammte aus einem alten adelichen und berühmten Geschlechte, welches in Schlesien, Tyrol und Pohlen und dem magdeburgischen ansäßig gewesen und zum Theil noch ist, und aus welchem noch jetzo zwey Feldherren dem preußischen Hause dienen. Herr Johann George, welcher als königl. polnischer Obristlieutenant und Amtverweser zu Olszko in Preußen den 26ten Febr. 1746 verstorben, hatte ihn mit Frau Johanne Constantine, gebohrner von Zastrow aus dem Hause Zettin erzeuget. 1742 ward er am 4ten Februar. zum Fähnrich bey diesem Regimente, und 1746 im Julius zum Secondelieutenant ernennet. Er hatte von 1741 an allen Feldzügen beygewohnet. Von seinen Geschwistern lebt nur noch Herr Mathias Ludwig, als königl. preußischer Generalmajor und Chef eines Fusilierregiments zu Minden, und die einzige Schwester, Frau Johanne Constantine, Gemahlin Herrn Johann Carl Cruska von Grabowski, Erbherrn auf Zettin in Pommern. Herr Friedrich Gottlieb, ist 1731

als

als Fähnrich des Regiments Goltze, jetzo Saldern zu Magdeburg, und Herr Franz Alexander als Premierlieutenant Husarenregiments Czekely 1755 gestorben. 1757.

54. Herr Fähnrich von Schmettau, Friedrich Wilhelm, starb den 12ten Jenner zu Großglogau. Er ward 1757 im Julius zum Fähnrich ernennet. 1758.

55. = Hauptmann von Görne, Adam Friedrich Christoph, starb den 17ten Jenner zu Buschke in Schlesien, während der Einschliessung von Schweidnitz am Fleckfieber. Das Geschlecht von Görne ist eins der ältesten in der Churmark Brandenburg. Er war 1713 gebohren, und der zweyte Sohn Herrn Andreas Christoph, Erbherrn auf Niedergörne, welcher 1722 gestorben. Er kam 1726 bey die Cadets, diente bey selbigen vier Jahr vier Monate, ward 1730 als Fahnenjunker bey das Regiment von Sydow, jetzo Renzel, zu Berlin gesetzt, 1734 bey solchem zum Fähnrich, und 1738 zum Secondelieutenant, den 11ten August 1740 aber zum Premierlieutenant bey dem münchowschen Regiment ernennet, 1749 im Julius ward er zum Stabshauptmann erkläret, und 1756 im Febr. mit der erledigten Compagnie des Herrn General von Hülsen begnadiget. Von seinen Herrn Brüdern ist der ältere Herr Adam Christoph, der 1740 als Hauptmann des Regiments Wedel, jetzo Saldern, den Abschied genommen, 1745 unverheyratet gestorben, von den beyden jüngern aber Herr Hans Valentin Hempo 1723 nur neun Jahr alt verschieden, und Herr Curt Gottfried als königl. preußischer Obristwachtmeister des Fuselierregiments Wilhelm Braunschweig noch am Leben. Er hatte allen Feldzügen von 1741 an, der Belagerung von Prag, den Schlachten von Lowositz, Collin und Leuthen beygewohnet, in letzterer ward er am Fusse verwundet, ging noch nicht völlig geheilt, zum Regimente, und starb am Fleckfieber. Sein einziger sechsjähriger Sohn, Gustav Friedrich Ludwig, starb in eben dem Monate an den Kinderblattern.

56. = Fähnrich von Borck, Ephraim Lebrecht, starb den 17ten Jenner in Preulsdorf in Schlesien. Er ward im Julius 1757 zum Fähnrich ernennet.

57. = Premierlieutenant von Münchow, Friedrich Wilhelm, ward den 1ten April mit Hauptmannstitel verabschiedet. Er ist der einzige Sohn des verstorbenen Herrn Generallieutenants Gustav Bogislav, dessen erste Gemahlin Frau Antonette Philippine gebohrne von Börstel ihn
im

1758. im April 1728 zur Welt gebohren. Er ging 1747 auf die Universität Halle, 1748 im Dec. ernennte ihn der König zum Fähnrich unter diesem Regimente, 1754 im Jenner ward er zum Secondelieutenant, und 1757 im Julius zum Premierlieutenant erkläret. In der Schlacht bey Collin ward er verwundet. 1762 den 14 Sept. ward er zum Johanniterritter geschlagen, und auf die Komthurey Lagow angewiesen, 1763 aber im April zum Johanniterordens Kanzler ernennet, in welcher Würde er noch lebt, 1763 im Nov. vermählte er sich zu Berlin mit Fräulein Theresie Wilhelmine von Lewald.

58. = Secondelieutenant von Rätzdorf, Ernst Ephraim, ward den 1ten April verabschiedet. Er ward in der Schlacht bey Collin 1757 verwundet, stammt aus einem alten adelichen in der Prignitz blühenden Geschlechte, und lebt noch zu Heinrichsdorf bey Perleberg.

59. = Secondelieutenant von Koven, Johann Philipp, starb den 9ten May an der Wunde, welche er in der Schlacht bey Leuthen empfangen. Er war aus einem altmärkischen Geschlechte entsprossen, welches König Friedrich Wilhelm 1728 in den Adelstand erhoben, und war Fahnenjunker dieses Regiments, ward 1753 im Sept. zum Fähnrich, und 1756 zum Secondelieutenant erklärt.

60. = Fähnrich von Hanffstengel, Dietrich Rudolph, starb den 9ten May. Er ward im Dec. 1757 zum Fähnrich ernennet.

61. = Hauptmann von Schönaich, Fabian Wilhelm, starb den 25ten Julius zu Königingrätz in Böheim. Er war aus einem alten in Preussen und Schlesien blühenden adelichen Geschlechte entsprossen, welches in Schlesien in den Reichsgrafen = und Fürstenstand erhoben worden. Nachdem er 6 Jahr bey den Cadets gedient, kam er 1734 zu dem Regimente von Derschau, jetzo Prinz von Preussen, bey diesem stieg er bis zur Secondelieutenantstelle, 1740 den 11ten August ward er als Premierlieutenant zu dem Regimente von Münchow gesetzet, 1753 im May zum Stabshauptmann ernennet, 1756 im Julius mit der Compagnie des Generalmajors von Saldern begnadigt. Er hatte von 1741 an allen Feldzügen beygewohnet, und war in den Schlachten bey Collin und Leuthen verwundet worden.

62. = Premierlieutenant von Schwerin, August Wilhelm Leopold, ward den 28ten Dec. wegen seiner Verwundung am Fusse zu dem Leibküraßierregimente versetzet,

von

von da er 1760 mit einem Gnadengehalte verabschiedet 1758. worden. Er ist der fünfte Sohn des verstorbenen Herrn Obriststallmeisters, Friedrich Bogislaf und der Frau Helene Dorothea, gebohrne von Canitz, mithin ein Bruder des Herrn Generalmajors und Chefs von dem Regimente Gens d'armes, Herrn Friedrich Albert, Grafen von Schwerin; anfänglich war er unter dem Cadettencops in Potsdam, 1748 im May ward er Fähnrich bey Münchow, 1750 im Sept. Secondelieutenant, und 1757 im Julius Premierlieutenant.

63. Herr Secondelieutenant von Hopfgarten, Adolph Ferdinand, ward den 28ten Dec. unter das Besatzungsregiment von Mitzschefal, jetzo Berner gesetzet. Er war Fahnenjunker bey dem Regimente, und ward 1756 im Febr. zum Fähnrich, 1757 im Dec. aber zum Secondelieutenant ernennet.

64. = Secondelieutenant von Grape, Jacob Ludwig, ward den 28ten Dec. bey das Regiment von Mitzschefal, jetzo Berner gesetzet. Er war Fahnenjunker des Regiments, ward 1756 im Oct. zum Fähnrich, und 1758 im Jenner zum Secondelieutenant ernennet.

65. = Grenadierhauptmann von Callagan, Dionysius, starb den 31ten Dec. in Gera. Er war ein gebohrner Irrländer, diente unter dem grossen Potsdammer Regimente 12 Jahr und einen Monat, zuletzt als Unterofficier, ward 1740 zum Secondelieutenant des münchowschen Regiments, 1744 den 7ten August zum Premierlieutenant, 1756 im Febr. zum Stabshauptmann ernennet, 1757 im Febr. ward ihm die erledigte Grenadiercompagnie des Hauptmanns von Wierzbizki ertheilet. Er wohnte allen Feldzügen seit 1741 bey, that sich besonders in der Schlacht bey Breslau 1757 hervor, und erhielt nach selbiger den Orden pour le merite. Der noch bey dem Regimente stehende Fähnrich, Herr Johann Carl Wilhelm von Callagan ist sein Sohn.

66. = Generalmajor von Queis, Julius Dietrich, bekam den 1ten Merz das erledigte Regiment von Geist und lebt noch als Generalmajor und Chef desselben zu Stettin. In der Geschichte dieses Regiments soll weitläuftigere Nachricht von demselben gegeben werden. 1759.

67. = Generalmajor von Schenkendorf, Friedrich August, bekam den 5ten Junius das erledigte Regiment von Putkammer Fußvolk, hat 1763 seine gesuchte Erlassung erhalten, und lebet auf seinem Gute Jerchel im

1759. magdeburgischen. Die Lebensumstände desselben folgen in der Geschichte seines Regiments, welches jetzo Wolfersdorf heisset.

68. Herr Premierlieutenant von Bandemer, der jüngste, Adrian, blieb den 12ten August in der Schlacht bey Cunersdorf. Von seinem Geschlechte und Brüdern, siehe oben die 8te Nummer. Er kam als Fahnenjunker zum Regimente, ward 1747 im Junius Fähnrich, 1753 im May Secondelieutenant, 1759 den 30ten August Premierlieutenant. Den Feldzügen von 1756 bis 1759 hatte er unter dem Grenadierbataillon rühmlich beygewohnet.

69. = Premierlieutenant von Winterfeld, August Detlof, blieb gleichfals den 12ten August als Grenadierlieutenant in der Schlacht bey Kunersdorf. Er stammte aus einem alten und ansehnlichen in der Churmark Brandenburg blühenden Geschlechte her, und war der älteste Sohn Herr August Albrecht, Erbherr auf Carwe, Muggerkuhl und Fahrnau. Die Frau Mutter Dorothea Reichmuth, eine gebohrne von Schlieben aus dem Hause Pudenzig, brachte ihn den 16ten April 1731 zur Welt. Er ward 1752 im April Fähnrich, 1756 im Julius Secondelieutenant, und den 4ten Jenner 1759 Premierlieutenant. Von seinen jüngern Geschwistern steht 1. Herr Siegfried Friedrich Ludwig, als Hauptmann bey dem krockowschen Regiment Fuseliers. 2. Herr Christian Hartwig als Hauptmann bey dem Corps Cadets. 3. Herr Carl Friedrich Albrecht, als Stabshauptmann bey dem Grenadierbataillon von Carlowitz. 4. Herr Ernst Wilhelm als Lieutenant bey dem Regimente Gens d'armes, und 5. Herr August Albrecht als Premierlieutenant bey dem Grenadierbataillon von Carlowitz. Siehe überhaupt von diesem Geschlechte des Pauli in dem ersten Theile der Leben grosser Helden. S. 131=208 gelieferte Geschlechts Nachrichten.

70. = Secondelieutenant Magnus, Johann Conrad Friedrich, ward in der Schlacht bey Kunersdorf den 12 August erschossen. Er diente von unten auf bey diesem Regimente, und war Feldwebel, als er den 27ten Julius 1758 zum Secondelieutenant bey den Grenadiers ernennet ward. Seit 1741 hatte er allen Feldzügen rühmlich beygewohnt.

71. = Obristwachtmeister von Kamecke, Adam Henning, ward den 25ten Oct. in dem Gefechte bey Dommitsch erschossen. Er stammte aus einem in Pommern blühen-

blühenden alten adelichen Geschlechte her, und war der äl- 1759.
teste Sohn Herrn Henning George, der als gewesener
Obristlieutenant des alt borkischen, jetzo schenkendorfischen
Regiments zu Fuß auf seinem Gute Boldekow 1737 den
24ten Dec. verstorben, und ihn 1715 den 14ten Dec.
mit Frauen Eleonora Dorothea Juliana, gebohrner von
Grape aus dem Hause Dörphagen, erzeuget. Nachdem
er auf der Universität zu Frankfurt an der Oder den Wissenschaften fleißig obgelegen, ward er 1735 Fähnrich des
dönhof, jetzo lottumschen Regiments zu Fuß, und hernach
Secondelieutenant. 1740 ward er im August zum Premierlieutenant des münchowschen Regiments, 1744 den 19
Dec. zum Stabshauptmann, und 1745 den 22ten Febr.
mit Erhaltung der erledigten Compagnie des Hauptmanns
von Eimbeck zum wirklichen Hauptmann, 1758 im Dec.
aber zum Obristwachtmeister erkläret. Er hatte seit 1741
allen Feldzügen mit größestem Ruhm beygewohnet, ward
in der Schlacht bey Leuthen verwundet, und man kann
oben in der Geschichte des Regiments bündige Beweise
se seiner vorzüglichen Tapferkeit finden. Aus seiner Ver-
mählung mit einer Fräulein von Schmettau, Tochter des
verstorbenen königl. preußischen Generalmajors der Reuterey, Herrn Johann Ernst von Schmettau, wurden
2 Kinder gebohren. Seine beyde jüngere Brüder sind,
1. Herr Leopold George, Hauptmann Regiments Jung
Stutterheim Fußvolk. 2. Herr Paul Anton, der 1761
als ehemaliger Lieutenant des jetzigen rosenschen Regiments
zu Fuß, verstorben.

72. Herr Hauptmann von Legat, Anton Albrecht, be- 1760.
kam den 2ten Sept. die Oberaufsicht des Alaunwerks zu
Freyenwalde. Er war aus dem Herzogthum Magdeburg
zu Großensalze gebohren, woselbst sein altes adeliches Geschlecht ansäßig ist. Nachdem er zuvor noch nicht gedienet, ward er 1740 zum Fähnrich dieses Regiments, 1743
den 21ten Junius zum Secondelieutenant, 1754 im Nov.
zum Premierlieutenant, und 1758 den 27ten Julius zum
Stabshauptmann ernennet. Er hat allen Feldzügen von
1741 bis 1759 beygewohnet.

73. Secondelieutenant von Gerzen, Friedrich Chri- 1761.
stoph, starb den 15ten Oct. Sein Geschlecht, welches
sehr alt und ansehnlich ist, blühet vornemlich im Herzogthum Mecklenburg, 1756 im Julius ward er Fähnrich
dieses Regiments, und den 13ten Julius 1757 Secondelieutenant. Er wohnte unter dem Grenadierbataillon
den

1761. den Schlachten bey Breslau, Leuthen, auch Torgau und Kunersdorf rühmlich bey, und ward in letzterer verwundet.

1763.74. Herr Secondelieutenant von Rinow, Hans George, ward den 25ten Merz auf sein Ansuchen verabschiedet, und lebt noch auf seinem Gute Wahrburg in der Altenmark, woselbst sein altes adeliches Geschlecht seit vielen Jahrhunderten blühet, und er 1736 gebohren worden. Er ging im 16ten Jahre in Kriegesdienste, ward 1756 im August Fähnrich, und 1758 den 5ten Febr. Secondelieutenant bey den Grenadiers. Seit 1756 hatte er den Feldzügen und besonders den Schlachten von Breslau, Leuthen, Kunersdorf und Torgau rühmlich beygewohnet.

75. = Obrister von Asseburg, Johann Friedrich, ward den 25ten Merz auf sein Ansuchen verabschiedet, und starb bald darauf zu Brandenburg. Er war der jüngste Sohn Herren Friedrich Aschwin Erbherrn auf Ampfurt und Dohmherren zu Magdeburg, der ihn 1705 mit Frau Johanne Sidonie, Tochter des Dohmdechants zu Magdeburg, Herr Friedrich Ulrich von Hagen, genannt Geist, erzeuget. Nachdem er vier Jahr bey den Cadets gestanden, kam er zu dem Regimente Marggraf Heinrich, jetzo Wunsch, bey welchem er 18 Jahr und 1 Monat diente, und es bis zur Premierlieutnantsstelle brachte. 1740 den 24ten Junius ward er zum Hauptmann des münchowschen Regiments, 1753 den 28ten May zum Obristwachtmeister, 1758 im Dec. zum Obristlieutenant, und 1759 den 3ten Merz zum Obristen ernennet. Er hatte von 1740 bis 1759 allen Feldzügen mit Ruhm beygewohnet, und ward sowohl 1744 in dem harten Scharmützel bey Thein als 1757 in dem Treffen bey Leuthen schwer verwundet. Herr August Friedrich, welcher 1763 als Hofmarschall des verstorbenen Marggrafen Christian Ludwig von Brandenburg gestorben, Herr Heinrich Carl, welcher als Obrister des Leibküraßierregiments, 1745 den 15ten Dec. in der Schlacht bey Kesselsdorf geblieben, Herr Moritz Wilhelm der 1759 als königl. preußischer Generalmajor den Abschied genommen, Herr Ludwig Busso, der 1753 als Obristlieutenant des bredowschen Küraßierregiments gestorben, waren seine ältern Brüder.

76. = Obrister von Lewald, Johann Siegmund, ward den 25ten Merz auf sein Ansuchen verabschiedet. Er war aus einem alten preußischen adelichen Geschlechte entsprossen, und diente anfänglich 13 Jahr 9 Monate bey dem holsteini-

holsteinischen, jetzo tettenbornschen Regimente Fußvolk, 1763. war dabey Premierlieutenant, als er den 24ten Junius 1740 bey Münchow eine Compagnie bekam, 1755 den 12ten May ward er zum Obristwachtmeister, 1758 den 16 Dec. zum Obristlieutenant, und 1760 im Februar. zum Obristen ernennet. Er hat allen Feldzügen seit 1740 mit Ruhm beygewohnt, ward in der Schlacht bey Prag verwundet, und bey Maxen gefangen, bekam aber Erlaubnis auf sein Ehrenwort nach Berlin zu gehen. Seine älteste Fräulein Tochter Johanne Sophie Christiane ist seit dem 11 Sept. 1758 mit dem königl. preuß. Oberjägermeister, Herrn Friedrich Wilhelm, Freyherrn von Grapendorf, vermählet.

77. Herr Obristwachtmeister von Unruhe, Otto Siegmund, ward den 21ten May auf sein Ansuchen verabschiedet, und lebt auf seinem Gute Kilpenau bey Freystadt in Schlesien. Er ist aus einem alten adelichen Geschlechte, das in Schlesien und Polen blühet, entsprossen, trat bey dem schulenburgschen Regimente Grenadier zu Pferde 1734 in Dienste, und stieg bey selbigem bis zum Fähnrich. Der jetzige König ernennete ihn zum Secondelieutenant bey diesem Regimente, den 20ten Febr. 1745 zum Premierlieutenant, im Julius 1756 zum Stabshauptmann, den 15ten Jul. 1757 mit Ertheilung der erledigten Compagnie des bey Collin erschossenen Hauptmanns von Stapel, zum wirklichen Hauptmann, und 1759 im Oct. zum Obristwachtmeister. Von 1740 bis 1759 da er bey Maxen gefangen ward, hat er in allen Feldzügen nützliche Dienste geleistet, und ist in den Schlachten bey Collin und Leuthen verwundet worden.

78. Stabshauptmann von Kalkreut, Carl Ernst, ward den 21 May verabschiedet. Er war aus Schlesien gebürtig, ward den 19ten August 1744 Fähnrich, 1749 im Nov. Secondelieutenant, 1757 den 13ten Febr. Premierlieutenant, und 1759 im Julius Stabshauptmann. 1765 im Junius verheyrathete er sich zu Berlin mit Jungfer Catharine Louise Nitschin. Er hat allen Feldzügen von 1744 an beygewohnet, und ward 1757 in der Schlacht bey Breslau verwundet.

79. Hauptmann von Treskow, Johann Christoph, ward den 3 Jul. verabschiedet. Das Geschlecht von Treskow ist vorzüglich alt und ansehnlich, auch größten Theils im Herzogthume Magdeburg ansäßig. Herr Hans Christoph, Erbherr auf Niegrip, welcher als königlicher preußischer Hauptmann des Potsdammer Leibregiments ge-

1763. storben, hatte ihn mit Frau Louise von Wartenberg aus dem Hause Guhlsdorf in der Priegnitz gezeuget, welche ihn 1720 zu Nigrip gebohren, er ging im 17 Jahre in Kriegsdienste, diente 1 Jahr und 2 Monate als Fähnrich bey dem Regimente Flans, jetzo Syburg, ward in eben der Stelle 1740 zu Münchow gesetzt, den 6 Jen. 1742 Secondelieutenant, den 28ten May 1753 Premierlieutenant, 1757 im Julius Stabshauptmann, und 1759 den 7ten Jenner mit Ertheilung der callaganschen Grenadiercompagnie wirklicher Hauptmann. In der Schlacht bey Kunersdorf ward er verwundet. Er hat von 1741 bis 1763 allen Feldzügen mit beygewohnet, und sich 1764 mit einer Fräulein von Krüsicke aus dem Hause Dannenberg in der Prignitz vermählt. Der königliche preußische Obristwachtmeister meyerschen Dragonerregiments, Herr Alexander Friedrich, ist sein älterer Herr Bruder.

80. ‒ Hauptmann von List, Gottlob Heinrich, ward den 3ten Julius verabschiedet. Er stammte aus einem in Schlesien und der Lausitz blühenden alten adelichen Geschlechte her, ward 1710 zu Cotbus gebohren, ging im 17 Jahre in Kriegsdienste, und hatte, ehe er 1740 zum Fähnrich dieses Regiments ernennet ward, 3 Jahr bey der Garnisoncompagnie des Majors von Weyher, und 8 Jahr und 2 Monate bey dem Regimente Prinz Leopold, jetzo Stojentin gedient. 1745 den 20ten Febr. ward er zum Secondelieutenant, 1756 im Julius zum Premierlieutenant, 1759 den 29ten Febr. zum Stabshauptmann, und 1759 den 1ten Julius zum wirklichen Hauptmann der erledigten Grenadiercompagnie des Generalmajors von Schenkendorf ernennet. Von 1741 bis 1763 hat er sich in allen Feldzügen gegenwärtig befunden.

81. ‒ Premierlieutenant von Brietzke, Johann Joachim Friedrich, ward den 3ten Julius verabschiedet. Sein Geschlecht ist eines alten adelichen Herkommens, und sowohl in der Mark als dem Herzogthum Magdeburg ansäßig. Er kam als Fahnenjunker zum Regimente. 1753 den 28ten May ward er zum Fähnrich, 1756 im Dec. zum Secondelieutenant, und 1759 im Febr. zum Premierlieutenant ernennet. In den Schlachten bey Collin und Leuthen ward er verwundet, und bey Maxen gefangen.

82. ‒ Secondelieutenant Heyden, Christian Friedrich, starb den 26ten Junius. 1721 ward er in der Mittelmark geboren, und ging im 20ten Jahre in Kriegesdienste.

dienste. Er war Feldwebel, und ward nach der Schlacht 1761.
bey Kunersdorf den 14ten August 1759 zum Grenadier
Secondelieutenant ernennet.

83. Herr Secondelieutenant Schönemann, Johann Christoph, ward den 3ten Julius verabschiedet. Er war gleichfals Feldwebel, ward den 27ten Julius 1758 zum Fähnrich, und 1761 zum Secondelieutenant ernennet. Bey der Eroberung von Schweidnitz ward er gefangen genommen.

84. = Secondelieutenant Herzberg, Franz Ignatz, ward den 3ten Julius verabschiedet. Er war auch Feldwebel, ward 1761 zum Secondelieutenant erkläret, und in eben dem Jahre bey der Eroberung vor Schweidnitz gefangen genommen.

85. = Secondelieutenant Niehof, Adam Ferdinand Heinrich.

86. = Secondelieutenant Haupt, Johann Friedrich, wurden auch den 3ten Julius verabschiedet. Sie waren beyde Unterofficiers bey dem Regimente, wurden 1760, als ein neues Bataillon errichtet ward, zu Secondelieutenants erkläret, und fielen 1761 bey der Eroberung von Schweidnitz in die österreichische Kriegsgefangenschaft.

87. = Fähnrich von Zitzwitz, Friedrich Franz, ward den 3ten Julius verabschiedet. Sein Vaterland ist Pommern, woselbst sein altes adeliches Geschlechte ansäßig ist. Er ward 1759 im Junius zum Fähnrich ernennet, und bey Maxen gefangen.

88. = Premierlieutenant von Wobser, Franz Dietrich, ward den 11ten August verabschiedet. Er stammt aus einem alten adelichen pommerschen Geschlechte, und ist der dritte Sohn des 1753 verstorbenen vormaligen königlichen preußischen Kammerpräsidenten zu Küstrin, Peter Heinrichs, und dessen Gemahlin Frau Louise, Tochter des königlichen pohlnischen Obristwachtmeisters von Weyher auf Wussow, welche ihn 1730 zur Welt gebohren. Er war Fahnenjunker beym Regimente, ward 1750 im Sept. Fähnrich, 1756 im Junius Secondelieutenant, und den 27ten Jul. 1758 Premierlieutenant. Von 1756 bis 1759 da er bey Maxen gefangen ward, hat er allen Feldzügen beygewohnet, und ist in den Schlachten bey Lowositz und Leuthen verwundet worden. Seine Verheyrathung mit einer Kaufmannstochter aus Leipzig, Namens Valentin, hat er nach erhaltenem Abschiede vollzogen.

89. Herr

1763. 89. Herr Secondelieutenant von Ingermann, Daniel Michael Carl, ward den 11ten August verabschiedet. Er war erst Fahnenjunker, ward 1757 im Febr. Fähnrich, und den 31ten Merz 1758 Secondelieutenant. Bey Maxen ward er gefangen. Sein Herr Vater George Johann, der als Lieutenant in schwedischen Diensten gestanden, ward von des Königes in Preussen Majestät, mit seinen dreyen Söhnen, Friedrich Heinrich, Andreas Bleichert, und Daniel Michael Carl den 20ten Merz 1742 in den Adelstand erhoben, von welchen Herr Friedrich Heinrich, 1763 als Premierlieutenant des Regiments Düringshofen den Abschied genommen.

90. = Premierlieutenant von Schmiedeberg, Gottfried, ward den 11ten August verabschiedet. Er war aus einem pommerschen adelichen Geschlechte, und stand als Fahnenjunker bey dem Regimente, ward 1754 im Febr. Fähnrich, 1757 den 13ten Febr. Secondelieutenant, und 1759 im Nov Premierlieutenant. Von 1756 bis 1759, da er bey Maxen gefangen worden, hat er allen Feldzügen beygewohnet, und ist in der Schlacht bey Prag verwundet worden.

1764. 91. = Secondelieutenant von Lettow, George Heinrich, starb den 22ten Febr. Er war in Pommern, woselbst sein altes adeliches Geschlechte ansäßig ist, 1741 gebohren, ging im 17ten Jahre in Kriegsdienste, diente anfänglich als Fahnenjunker, ward den 31ten Merz 1758 Fähnrich, und 1759 den 2ten Nov. Secondelieutenant.

92. = Obristwachtmeister von Wittich, Just Samuel, ward den 6ten May in gleicher Würde bey das Fuselierregiment von Bülow gesetzet, und stehet noch bey selbigem. In der Geschichte dieses Regiments soll weitläuftiger von ihm gehandelt werden.

93. = Hauptmann von Viereck, George Ulrich, ward den 12ten Junius verabschiedet. Er ist aus einem im Herzogthum Mecklenburg ansäßigen berühmten alten adelichen Geschlechte entsprossen, und ein Sohn des verstorbenen königl. dänischen Obristen, dessen jüngerer Bruder, Herr Adam Otto, 1760 als königl. preußischer Statsminister gestorben. Als 1756 nach der Gefangennehmung der chursächsischen Völker bey Pirna aus diesen zehen preußische Regimenter errichtet wurden, ward er bey dem Regiment Haussen zum Premierlieut., im Jahr 1757 zum Stabshauptmann, und 1759 zum wirklichen Hauptmann erkläret. Er wohnte mit diesem Regimente dem Feldzuge von

1758,

1758, und der Schlacht bey Kunersdorf bey, ward 1759 den 4 Dec. in dem Scharmützel bey Cölln unweit Meissen gefangen genommen, und 1763 nach geschlossenem Frieden als Hauptmann zu diesem Regimente gesetzet. Bald nach seiner Verabschiedung verheyrathete er sich mit einer Tochter des verstorbenen königlich preußischen Generalmajors, Leopold Friedrich Ludwig von Wietersheim. Der königl. preußische Obristwachtmeister des Regiments Gens d'armes, auch Ritter des Johanniter und pour le merite Ordens, Herr Christian Friedrich, der königl. dänische Geheimerath und Kammerherr Herr Cuno Hans, der vorher königl. preußischer Geheimerlegationsrath und Gesandte am dänischen Hofe gewesen, und der churbraunschweigische Hauptmann veltheimschen Dragonerregiments, sind seine Herren Brüder.

94. = Secondelieutenant von Brietzke, Albrecht Christoph, ward den 12ten Junius verabschiedet. Er war ein Bruder des oben Num. 81 angeführten, diente erst als Fahnenjunker, ward 1757 im Febr. Fähnrich, und den 27ten Julius 1758 Secondelieutenant. Er hat allen Feldzügen von 1756 bis 1763 rühmlich beygewohnet, und ist 1757 in der Schlacht bey Leuthen verwundet worden.

95. = Secondelieutenant von Götze, Carl Ludwig Bogislaf, ward den 12ten Junius zum Generalquartiermeisterlieutenant erkläret. Er ist aus einem in der Altenmark blühenden Geschlechte entsprossen, und Erbherr auf Wendemark. Nachdem er kurze Zeit als Fahnenjunker gedienet, ward er 1759 den 4ten Jenner zum Fähnrich, und 1763 im August zum Secondelieutenant ernennet. Er hat den letzten Feldzügen beygewohnet, ward 1759 bey Maxen gefangen, aber 1761 ausgewechselt.

96. = Secondelieutenant von Marwitz, Carl Wilhelm, ward den 8ten Dec. verabschiedet. Er war aus der Mittelmark Brandenburg gebürtig, und 1737 gebohren, trat im 21ten Jahre in Kriegesdienste, ward den 31ten Merz 1758 Fähnrich, und den 3ten Nov. 1759 Secondelieutenant. Bald darauf ward er bey Maxen gefangen, und kam erst nach erfolgtem Frieden zurück.

97. = Hauptmann von Bandemer, Hans Wilhelm, ward den 20ten May zum Commendanten des Fort Preussen bey Neisse ernennet, und stehet noch daselbst. Er ist der dritte Bruder des oben Num. 8 angeführten, und ward 1725 den 25ten Merz gebohren, kam 1740 unter das berlinische Cadettencorps, den 1ten May 1743 als

1765. Fahnenjunker bey das Regiment von Münchow, ward den 7ten August 1744 Fähnrich, 1748 Secondelieutenant, 1759 im Febr. Stabshauptmann, und 1759 im Octobr. wirklicher Hauptmann. Er hat in dem zweyten schlesischen Kriege den Belagerungen von Prag und Cosel, in dem letztern aber den Schlachten bey Collin und Leuthen, und 1761 dem Ueberfall von Schweidnitz beygewohnet, und ist bey den drey letztern Vorfällen schwer verwundet worden.

98. Herr Fähnrich von Malotki, Johann Thomas, starb den 30ten Junius. Er war aus einem adelichen Geschlechte in der pommerschen Landschaft Cassuben, und 1740 gebohren, kam im 12ten Jahr unter die Cadets, ward sodenn Fahnenjunker bey dem Regimente, und den 3 Jul. 1763 Fähnrich.

99. = Premierlieutenant Counermann, Marius Carl, ward den 2ten Julius verabschiedet. Er war 1727 zu Dessau gebohren, trat im 18ten Jahre in chursächsische Dienste, und war Fahnenjunker des rochowschen Füselierregiments, als er 1756 bey der Gefangennehmung der sächsischen Regimenter bey Pirna zum Secondelieutenant des wietersheimischen Regiments Fußvolk in preußischen Diensten ernennet ward. 1757 ward dieses Regiment untergesteckt, und er den 13ten Jul. als Secondelieutenant bey das Regiment von Münchow gesetzt. Unter diesem wohnte er sodenn den Feldzügen bis 1759 bey, da er bey Maxen gefangen genommen ward. Nach erfolgtem Frieden ward er den 11ten August 1763 Premierlieutenant.

100. = Secondelieutenant von Selazinski, Franz Ludwig, ward den 4ten Nov. verabschiedet. Er war aus einem in Pommern blühenden adelichen Geschlechte 1740 gebohren, ging im 18ten Jahre in Kriegesdienste, ward den 27ten Julius 1758 Fähnrich, und den 11ten August 1763 Secondelieutenant. Bey Maxen gerieth er in die Kriegsgefangenschaft.

1766. 101. = Fähnrich von Manofski, Carl Leopold, ward den 7ten April bey das Invalidencorps zu Berlin versetzt. Er war aus einem adelichen Geschlechte in Oberschlesien entsproßen. Sein Herr Vater Carl August hatte ihn 1737 mit Frau Elisabeth, gebohrnen von Koslowski gezeuget, 1755 kam er unter das Corps Cadets nach Berlin, 1757 ward er Fahnenjunker des Füselierregiments, königl. Prinz Heinrich und diente bey selbigen anderthalb Jahre, sodenn ward er zu dem latorffschen, jetzo saffenschen Grena=

Garnisonregimente, und von diesem zu Münchow gesetzt, 1766 bey welchem er den 5ten August 1763 Titularfähnrich, 1764 im Junius aber wirklicher Fähnrich ward. Er hat den Schlachten bey Breslau und Leuthen, 1757 der Belagerung von Breslau, 1758 der Belagerung bey Olmütz, und 1759 den Gefechten bey Domitsch und Maxen beygewohnet, in welchem letztern er in die Gefangenschaft gerieth.

102. Herr Generallieutenant von Münchow, Gustav Bogislaf, starb zu Berlin den 12ten Junius. Die Lebensumstände Jhro Excellenz sind schon oben angeführet worden.

103. = Hauptmann von Mitzschefal, Friedrich, starb den 20ten Sept. zu Brandenburg. Das Geschlecht, aus welchem er entsprossen, ist in der Grafschaft Hohenstein ansässig und sehr alt und berühmt. Herr Friedrich Julius, königl. preußischer Generalmajor, und Ritter des Ordens pour le merite, welcher 1761 den 5ten August zu Liegnitz gestorben, hatte ihn aus der ersten Ehe mit Frau Catharine Juliane, Tochter Herrn Friedrich Wilhelm von Oppen auf Gattersleben und Frau Marie Juliane von Maxen aus dem Hause Zehsen, den 6ten Dec. 1737 gezeuget. Er ward 1755 den 23ten April Fahnenjunker bey des Herrn Vaters Regimente zu Fuß, so jetzo Werner heisset, 1755 den 6ten August Fähnrich, den 23 Oct. 1756 als Premierlieutenant zu dem aus dem sächsischen Regimente Gotha errichteten preußischen Regimente von Saldern gesetzt, in gleicher Würde den 1ten Oct. 1760 zu dem röbelschen Regimente, ward den 11 April 1762 Stabshauptmann, und 1762 den 1 Sept. mit Ertheilung der hönschen Compagnie, als wirklicher Hauptmann, 1763 den 3 Jun. aber als Hauptmann zu dem münchowschen Regimente gesetzt. Er hat den Feldzügen des letzten Krieges besonders 1762 der Schlacht bey Freyberg und dem Scharmützel bey Einsiedel in welchem er einen Streifschuß an der Brust bekommen, beygewohnet. Von seinen Geschwistern lebt noch der zweyte Bruder, Herr Carl Friedrich in Schlesien, der 1733 gebohren und als Lieutenant des hachenbergschen Grenadierbataillons mit Hauptmannscharakter 1764 den Abschied genommen, und Fräulein Dorothea Sophia, gebohren 1739, und ein Halbbruder der zweyten Ehe Herr Botho Ludwig, Erbherr auf Austen und Rabenau, gebohren 1742. Der älteste Herr Wilhelm Heinrich, gebohren 1731,

1766. 1731, blieb als Lieutenant des Regiments Geist, jetzo Queis, in der Schlacht bey Leuthen.

1767. 104. Herr Premierlieutenant von der Osten, Otto Siegfried, ward den 3ten Junius 1767 auf sein Ansuchen verabschiedet; und hält sich auf seinem Gute Strelow bey Prenzlow auf. Er ist aus einem der ältesten pommerschen adelichen Geschlechter entsprossen, und den 15 Dec. 1736 gebohren, kam 1750 als Fahnenjunker zu diesem Regimente, ward 1756 im Sept. zum Fähnrich, den 28ten Jenner 1758 zum Secondelieutenant, und 1763 den 18ten August zum Premierlieutenant ernennet. Er hat den Schlachten bey Reichenberg, Collin, Breslau und Leuthen, den Belagerungen von Breslau und Schweidnitz, wie auch dem Gefecht bey Domitsch und dem bey Maxen beygewohnet. Bey dem letzten Vorfalle ward er in die österreichische Kriegsgefangenschaft versetzet, aus welcher er erst nach geschlossenen Frieden zurück kam.

§. 16.

Verzeichnis der den 1sten Julius 1767 bey dem Regimente stehenden Herren Officiers.

1767. 1. Obrister und Chef Herr Henning Alexander von Kleist. Die Lebensumstände dieses Herren sind schon oben Seite 56 angeführet.

2. Obrister und Commandeur Herr Ludwig von Gohr. Das uralte Geschlecht der Freyherrn von Gohr komt ursprünglich aus dem Ertzstift Cölln und den Herzogthümern Gülich und Geldern her, woselbst es seit dem 8ten Jahrhunderte die wichtigste geistliche und weltliche Ehrenämter bekleidet. Von diesen Freyherrn ist einer unter Marggraf Albrecht dem ersten von Brandenburg aus den Rheinländischen Gegenden im 12ten Jahrhunderte nach der Altenmarck Brandenburg gezogen, und hat wahrscheinlicher Weise dem Dorfe Gohre bey Stendal als Erbauer den Nahmen gegeben, wie denn Henning von Gohr schon 1287 in einer Urkunde vorkommt. Des Herrn Obristen Vater, Herr George ist aus der Altenmark, woselbst er 1654 gebohren worden, zu Ende des vorigen Jahrhunderts als Hauptmann des Dragonerregiments Marggraf Albrecht, jetzo Leibcarabiniers, nach Preussen gekommen, hat den Abschied

schied genommen, und sich daselbst niedergelassen. Er 1767.
vermählte sich in Preussen im Jahre 1700 mit einer Fräulein von Hohendorf, und starb 1736, nachdem aus dieser Ehe fünf Söhne und fünf Töchter erzeuget worden.
Der älteste Sohn Herr George Fabian, ist als Obristwachtmeister und Commandeur eines Grenadierbataillons in der Schlacht bey Großjägersdorf erschossen worden, von dessen Lebensumständen in der Geschichte des lewaldschen Regiments Nachricht gegeben werden soll. Der zweyte ist der Herr Obriste, der dritte Herr Friedrich, ist den 20ten Dec. 1713 gebohren worden, und 1730 gestorben, der vierte Herr Bogislaf ist den 12ten Merz 1716 gebohren, und 1728 verstorben. Der fünfte Herr Johann Christoph ist den 30ten Jenner 1719 gebohren, und Hauptmann des alt putkammerschen Besatzungsregiments in Memel. Der Herr Obriste ward den 30ten Junius 1707 gebohren, kam 1723 unter das dönhof, jetzo lottumsche Regiment Fußvolk zu Berlin als Fahnenjunker, ward den 3ten May 1730 zum Fähnrich, den 4ten Dec. 1732 zum Secondelieutenant, den 13 Jun. 1737 zum Premierlieutenant, und den 4ten August 1740 zum Stabshauptmann ernennet. In dieser letzten Würde ward er bey das neuerrichtete münchowsche Regiment gesetzet, und bekam den 20ten Julius 1742 die bandemersche erledigte Compagnie, ward den 13ten August 1756 zum Obristwachtmeister, 1760 den 17ten Febr. zum Obristlieutenant, 1761 den 8ten Februar. zum Obristen, und 1763 nach geschlossenem Frieden zum Commandeur des Regiments ernennet. Er hat von 1740 bis 1759 an allen Feldzügen, 1744 der Belagerung von Prag, 1745 der Belagerung von Cosel, 1757 der Schlacht bey Leuthen, in welcher er gefährlich verwundet worden, und 1759 dem Gefechte bey Domitsch und Maxen mit grossem Ruhm beygewohnet. Vor der Schlacht bey Reichenberg muste er auf königl. Befehl mit einer ansehnlichen Abtheilung von Mannschaft die Stadt Zittau besetzen. Vor der Schlacht bey Collin schickte ihn der König nach Niemburg, welchen Ort er, nebst Brandies und Podiebrad durch die unterhabende Völker besetzen muste. Vor der Schlacht bey Breslau ward er unter dem damaligen Obristen, Herrn Anton von Krockow, jetzigen Generallieutenant, mit 1000 Mann nach Protsch bey Breslau gesendet, um diesen Ort zu besetzen. Diese Umstände hinderten ihn also, in den Schlachten bey Reichenberg, Collin und Breslau gegenwärtig zu seyn. Aus der Gefangenschaft, in

welche

1757. welche er bey Maxen gerathen, kam er erst 1763 nach geschlossenem Frieden zurück. Seit dieser Zeit hat er als Commandeur durch seine unermüdete Sorgfalt das Regiment in einen so guten Zustand gesetzet, daß er bey allen Musterungen des Monarchen allerhöchste Zufriedenheit sich erworben.

3. Herr Obristlieutenant von Woldeck, Hans Christoph, ist aus einem alten adelichen Geschlechte entsprossen, dessen Lehn und Stammgut Gnewickow bey Neuruppin in der Marck Brandenburg liegt. Sein Herr Vater Christoph von Woldeck war königlicher preußischer Rittmeister, und die Frau Mutter Elisabeth Hedwig, gebohrne von Welzien brachte ihn 1712 zur Welt. Er kam 1727 unter die Cadets zu Berlin, 1730 aber als Fahnenjunker zu dem sydow, jetzo renzelschen Regimente Fußvolk in Berlin, bey welchem er 1734 zum Fähnrich, und 1738 zum Secondelieutenant ernennet ward, 1740 den 11ten Aug. ward er zum Premierlieutenant erkläret, und bey das neuerrichtete münchowsche Regiment gesetzt, 1748 den 14ten May ward er zum Stabshauptmann, 1753 den 28ten May zum wirklichen Hauptmann der erledigten bärschen Compagnie, 1759 den 1ten Julius zum Obristwachtmeister, und 1765 den 1sten Julius zum Obristlieutenant ernennet. Er hat von 1740 an allen Feldzügen, besonders 1744 der Belagerung von Prag, 1757 den Schlachten bey Collin, Breslau und Leuthen, der Belagerung von Breslau und Schweidnitz, dem Angrif bey Maxen beygewohnet. In dem letztern ward er, wie das ganze Regiment, gefangen, und kam erst nach geschlossenem Frieden 1763 zurück. Seine jüngern Herrn Brüder sind, 1. Herr Alexander Friedrich, königl. preußischer Obristwachtmeister ramminschen Regiments Fußvolck, auch Ritter des Ordens pour le merite. 2. Herr Otto Philipp, welcher als Lieutenant des bülowschen Fuselierregiments an der in der Schlacht bey Zorndorf empfangenen Wunde 1758 gestorben. 3. Herr Heinrich Joachim, königlich preußischer Landrath in Preußen, der ehemals als Lieutenant des Regimenuts Stosch Dragoner in preuß. Diensten gestanden. Der unten vorkommende Lieutenant, Herr Hans Christoph von Woldeck ist sein Sohn.

4. Herr Obristwachtmeister von Bülow, Julius, ist aus einem alten adelichen Geschlechte entsprossen. Sein Herr Vater ist 1744 als herzoglich braunschweigischer Hofgerichtspräsident und Erbherr auf Beyernaumburg und

Brunsrode verstorben. Die gleichfals verstorbene Frau 1767 Mutter, Louise Magdalene, gebohrne von Landsberg aus dem Hause Münden brachte ihn 1720 zu Bayernaumburg auf die Welt. Von 1735 bis 1740 stand er als Fähnrich in chursächs. Dienste, trat 1740 in preuß. Dienste, und ward den 1 Dec. Premierlieut. des Dragonerregiments Platen, so jetzo Finkenstein heisset. 1747 nahm er mit Hauptmannscharackter den Abschied, 1756 aber ging er von neuem in Dienste, und bekam eine Compagnie bey dem preußischen aus dem sächsischen Regimente Lubomirski errichteten Regimente des Generalmajors von Hauß. Den 16 Sept. 1759 ward er Obristwachtmeister. Er wohnte den Feldzügen von 1758 und 1759 besonders der Schlacht bey Kunersdorf und dem Scharmützel bey Meissen bey. In dem letztern, welcher den 4ten Dec. 1759 vorfiel, gerieth er mit dem grösesten Theile der unter dem Herrn Generalmajor Christian Friedrich von Dierke stehenden Völker, in die österreichische Kriegesgefangenschaft, die sich erst 1763 mit geschlossenem Frieden endigte. Als in diesem Jahre das röbel, vormals hausensche Regiment untergesteckt ward, kam er als Obristwachtmeister bey das von Münchow. Zwey seiner Herrn Brüder stehen noch in chursächsischen Kriegsdiensten.

5. Herr Obristwachtmeister von Beville, Gottlieb Ludwig. Das Geschlechte le Chenevix de Beville ist uralten adelichen Ursprungs, und haben die Lehnherrn des Lehns Chenevix, welches in der französischen Landschaft Jsle de France liegt, seit undenklichen Jahren in der Kirche S. Pierre zu Dreux, und zwar in der Kapelle S. Cosme, wo ihre Grabschriften befindlich sind, ihr Erbbegräbnis gehabt. Herr Benjamin le Chenevix de Beville verließ 1681 wegen des reformirten Glaubens sein Vaterland, ließ sich im brandenburgischen nieder, und kaufte Reinsberg in der Grafschaft Ruppin. Herr Heinrich le Chenevix de Beville, der Vater des Herrn Obristwachtmeisters ward den 21sten Julius 1685 gebohren, dankte 1744 als königlich preußischer Obristlieutenant des vormals becheferschen, jetzo thaddenschen Regiments zu Fuß ab, und lebt noch zu Berlin. Seine Gemahlin Frau Susanna, eine Tochter des königlich sardinischen Generallieutenants Freyherrn von Montolieu Saint Hippolite, und der Frau Susanne von Pelißier, lebt gleichfals noch, und ist ihm 1724 beygeleget worden. Aus dieser Ehe sind folgende Kinder noch am Leben 1. der Herr Obristwachtmeister,

welcher

1767. welcher den 28ten Julius 1734 gebohren worden. 2. Herr Carl Heinrich, gebohren den 8ten Junius 1742, ward als Fähnrich des Fusilierregiments Bülow in der Belagerung von Schweidnitz erschossen. 3. Herr Friedrich Christian Benjamin, gebohren den 27ten Sept. 1747 königl. preußischer Lieutenant des Dragonerregiments Alvensleben. 4. Frau Louise Margarethe, Gemahlin des königl. preußischen Generalmajors, Herrn Hans George Woldeck von Arneburg. 5. Frau Charlotte Fridericke, Gemahlin Ihro Excellenz des königl. preußischen Staatsministers, Herrn Johann Ludwig von Dorville. 6. Frau Emilie Charlotte, Gemahlin Herrn Friedrich Gottlob von Richthofen auf Heinersdorf in Schlesien. 7. Fräulein Heinriette. 8. Fräulein Mariane Louise. Die übrigen sind in der zartesten Jugend verstorben. Der Herr Obristwachtmeister kam 1749 als Fahnenjunker unter das Regiment Forcade, jetzo Nenzel Fußvolk, ward 1755 im May Fähnrich, 1757 Secondelieutenant, 1758 königl. Flügeladjutant und Quartiermeisterlieutenant, und 1762 wirklicher Hauptmann einer Compagnie des Fusilierregiments Bülow, 1764 ward er den 8ten May zum Obristwachtmeister des Regiments Münchow ernennet, und bekam die Compagnie des Obristwachtmeisters von Wittich, der die bevillische Compagnie bey den bülowschen Regimente erhielt. Er hat allen Feldzügen von 1756 bis 1763 rühmlichst beygewohnet, fiel bey der Eroberung der Festung Schweidnitz, in welcher er das neuerrichtete Bataillon von Münchow in den Waffen zu üben, den königlichen Auftrag bekommen hatte, in die Gefangenschaft, ward aber nach zwey Monaten ausgewechselt.

6. Herr Hauptmann von Wagenknecht, Johann Friedrich, ist aus dem Herzogthum Sachsen Gotha gebürtig, und ein Sohn Herrn Hans Daniel, der zuerst als Officier in sächsischen Diensten, hernach in venetianischen Diensten als Obristwachtmeister und erster Adjutant des Feldmarschalls, Reichsgrafen von Schulenburg, gestanden, und Frauen Marien Dorotheen, gebohrner von Avemann, die ihn 1715 gebohren. 1731 trat er als Cadet in sachsengothaische Dienste, ging, als das Regiment in kaiserliche Dienste überlassen ward, mit solchem an den Rheinstrom, that den Feldzug gegen das französische Heer, ward den 21ten Jenner 1735 Fähnrich, nahm nachhero den Abschied, und trat 1740 den 1ten Oct. in preußische Dienste, ward als Secondelieutenant bey das
münchow-

münchowsche Regiment gesetzet, den 22ten Febr. 1745 1767. zum Premierlieutenant, 1757 den 13ten Februar. zum Stabshauptmann, und 1759 den 5 Febr. zum wirklichen Hauptmann der erledigten görneschen Compagnie ernennet. Er hat allen Feldzügen seit 1741, besonders 1744 der Belagerung von Prag, 1745 der von Cosel, 1757 der von Prag, und 1758 der von Schweidnitz, 1744 dem Gefechte bey Thein, 1757 den bey Görlitz und Liegnitz, 1759 dem bey Domitsch, und noch vielen andern beygewohnet, in dem Gefechte bey Thein bekam er eine Quetschung am Halse. Bey Maxen fiel er 1759 in die österreichische Kriegesgefangenschaft, ward aber auf sein Ehrenwort entlassen.

7. Herr Hauptmann von Radecke, Daniel George, stammt aus einem alten adelichen preußischen Geschlechte, und ist ein Sohn Herrn Daniel George, und Frau Caroline Charlotte, gebohrner Fräulein von Putkammer, die ihn 1727 gebohren. Im 13ten Jahre kam er in Kriegsdienste, und war Fahnenjunker des Regiments Flans, jetzo Syburg zu Fuß, als er 1740 zum Fähnrich des münchowschen Regiments ernennet ward, den 4ten Dec. 1741 ward er zum Secondelieutenant, 1750 zum Premierlieutenant, 1757 zum Stabshauptmann, und den 27ten Jul. 1759 mit Ertheilung der falkenhaynschen Compagnie zum wirklichen Hauptmann ernennet. Er hat allen Feldzügen seit 1741, besonders den Schlachten von Lowositz, Collin und Leuthen, in welchen beyden letztern er verwundet worden, dem Gefechte bey Domitsch und Maxen beygewohnet. Bey Maxen gerieth er mit dem Regimente in die Kriegsgefangenschaft, aus welcher er erst nach geschlossenem Frieden zurückgekommen, 1765 den 15ten Febr. vermählte er sich mit Fräulein Caroline Charlotte, ältesten Tochter des 1749 verstorbenen königlich preußischen Obristen und Commandeurs des Regiments jung Kleist, jetzo Stojentin, Fußvolk, Herrn Johann Heinrich Otto von der Osten, die ihm den 17ten May 1766 einen Sohn Namens Carl Friedrich George, gebohren. Sein ältester Bruder, Herr Hermann Fridrich ist königlich preußischer Obristwachtmeister der Dragonerregiments Krockow.

8. = Hauptmann von Briesewitz, Moritz Eggert, ist ein Sohn Herrn Eggert und Frauen Dorothea Lucia, gebohrnen von Köller die ihn 1717 gebohren. Sein altes adeliches Geschlecht ist in Pommern ansäßig. Nachdem er 2 Jahr und 12 Monate bey dem Regimente zu Fuß von Grävenitz, jetzo jung
Stut=

Stutterheim gedienet, ward er den 11ten August 1740 zum Fähnrich des Regiments Münchow, den 4ten Febr. 1742 zum Secondelieutenant, den 25ten Jenner 1754 zum Premierlieutenant, den 20ten Febr. 1758 zum Stabshauptmann, und den 28ten Febr. 1759 mit Ertheilung der erledigten Compagnie von Queis zum wirklichen Hauptmann ernennet. Er hat allen Feldzügen seit 1741 beygewohnet, und sich in den Belagerungen von Prag, Cosel und Schweidnitz befunden. In der Schlacht bey Collin ward er stark verwundet und gefangen, aber bald ausgewechselt. Bey Maxen gerieth er abermals in die Gefangenschaft, welche sich erst mit dem geschlossenen Frieden endigte.

9. Herr Hauptmann von Bock, Carl Friedrich, ist aus einem alten adelichen schlesischen Geschlechte entsprossen, und 1725 gebohren, kam den 12ten Dec. 1742 als Fahnenjunker zum Regimente, ward den 20ten Febr. 1745 Fähnrich, 1751 Souslieutenant, 1757 den 30ten Aug. Premierlieutenant, 1759 Stabshauptmann, und 1761 den 3ten Julius mit Ertheilung der listischen Grenadiercompagnie, und des Ranges von 30ten August 1762 wirklicher Hauptmann. Er hat von 1744 an allen Feldzügen beygewohnet, ward in der Schlacht bey Collin verwundet, bey Maxen gefangen, aber bald ausgewechselt, und hat sich 1766 mit einer Fräulein von Neder aus Schlesien vermählet.

10. = Hauptmann von Beauvrye, Philipp Lambert, ist den 3ten Febr. 1726 zu Berlin gebohren. Sein Herr Vater Nicolaus, Artillerielieutenant, hat ihn mit Frau Marie Dorothea, gebohrner Giesebrecht aus Wismar gezeuget. Er kam 1744 den 26sten August als Fahnenjunker zu diesem Regimente, ward 1749 den 3ten Junius Fähnrich, 1754 den 20ten May Secondelieutenant, 1763 den 28 Junius Stabshauptmann, und 1764 den 3 Jun. wirklicher Hauptmann der erledigten viereckschen Compagnie. Von 1744 an hat er den Belagerungen von Prag, 1745 der von Cosel und dem Scharmützel bey Friedland, 1757 der Belagerung von Prag und Breslau, 1758 der von Schweidnitz, ferner den Schlachten bey Prag, Breslau, und Leuthen, und 1759 dem Angrif bey Maxen beygewohnet. Bey letzterm ward er gefangen, aber auf sein Ehrenwort freygelassen.

11. = Hauptmann von Mickulitz, Ferdinand Gottlob, ist aus einem polnischen und in Lithauen blühenden adelichen Geschlechte

Geschlechte entsprossen. Herr Michael ein Landedelmann bey Wilna, hat ihn 1725 mit Frau Ludovicke, gebohrner von Abrahamowitz, erzeuget, den 20ten May 1745 kam er unter das Cadettencorps zu Berlin, 1745 den 5 Merz aber als Fahnenjunker unter dieses Regiment, ward den 11ten Julius 1749 zum Fähnrich, 1754 den 3ten Nov. zum Secondelieutenant, den 5ten Febr. 1758 zum Premierlieutenant, den 28ten Junius 1763 zum Stabshauptmann, und den 29ten May 1765 zum wirklichen Hauptmann der erledigten bandemerschen Compagnie ernennet. Er hat von 1745 an den Belagerungen von Cosel, Prag und Schweidnitz, ferner den Schlachten bey Prag und Breslau, in welcher letztern er verwundet worden, und dem Angrif vor Maxen beygewohnet. Nach geendigtem Kriege kam er aus der Kriegesgefangenschaft, in welche er bey Maxen gerieth, zurück. 1765 den 14ten August vermählte er sich mit Fräulein Marie Elisabeth Albertine, ältesten Tochter des königlich preußischen Hauptmanns bey dem Cadettencorps, Herren Friedrich von Stephani.

12. Herr Hauptmann von Schmettau, Casimir Friedrich Ernst, stammt aus einem adelichen Geschlechte, welches dem preußischen Hause verschiedene grosse Feldherrn gegeben. Herr Johann Ernst, welcher 1763 als königlich preußischer Generalmajor und Chef eines Kürassierregiments gestorben, hat ihn 1729 mit Frau Sophie Dorothea Marie, gebohrner Schlüter, erzeuget. Er kam den 25ten May 1749 als Fahnenjunker zu dem münchowschen Regimente, ward 1751 den 24ten Nov. zum Fähnrich, 1756 den 24ten Junius zum Secondelieutenant, 1758 den 13ten Jenner zum Premierlieutenant, 1763 den 28ten Junius zum Stabshauptmann, und 1766 den 28ten Sept. zum wirklichen Hauptmann der erledigten mitzschefalschen Grenadiercompagnie ernennet. Er hat den Schlachten bey Lowositz, Reichenberg, Collin, Breslau, Leuthen, der zweymaligen Belagerung von Schweidnitz in den Jahren 1758 und 1762 und Breslau, dem Gefechte bey Domitsch und Maxen beygewohnet, und ist sowohl bey Maxen als bey der Bestürmung von Schweidnitz 1761 gefangen, aber noch in eben dem Jahre ausgewechselt worden. Die Frau Witwe des oben Num. 68 angeführten Herrn Obristwachtmeister von Kamecke und Herr Carl Friedrich königlich preußischer Rittmeister des Leibcarabiniersregiments sind Geschwister von ihm.

13. Herr

Fuselierregiment

1767. 13. Herr Stabshauptmann von Poß, Helmuth George Adam, ist aus einem alten adelichen im mecklenburgischen blühenden Geschlechte entsprossen, und 1733 zu Luplau, einem unweit Staivenhagen im mecklenburgischen gelegenen Dorfe gebohren worden, kam 1748 den 14ten Febr. als Fahnenjunker zu dem münchowschen Regimente, ward den 2ten May 1752 zum Fähnrich, 1756 den 14 Aug. zum Secondelieutenant, 1759 den 29ten Jenner zum Premierlieutenant, und den 5ten Junius 1764 zum Stabshauptmann ernennet. Er hat den Feldzügen von 1756 bis 1749, besonders den Schlachten bey Reichenberg, Lowositz und Collin, in welchen beyden letztern er verwundet worden, der Belagerung von Schweidnitz, den Gefechten bey Domitsch und Maxen beygewohnet. Aus der österreichischen Kriegesgefangenschaft, in welche er bey Maxen gerieth, kam er erst nach hergestelltem Frieden zurück. Von seinen Herrn Brüdern ist Herr Ernst Samuel Joachim, königlich preußischer Premierlieutenant des schenkendorfischen Regiments Fußvolk, und Herr Johann Friedrich, 1754 den 24ten Dec. auf der Werbung zu Hamburg, als Fahnenjunker des Regiments Itzenplitz, jetzo Lottum, verstorben.

14. Herr Stabshauptmann von der Böck, George Werner, ist ein Bruder des oben Seite 52 angeführten Herrn und 1735 gebohren, 1758 den 9ten Julius ist er als Fahnenjunker unter das Regiment gekommen, 1754 den 25ten Jenner zum Fähnrich, 1757 den 1ten Febr. zum Secondelieutenant, 1759 den 17ten Julius zum Premierlieutenant, und 1765 den 29ten May zum Stabshauptmann erkläret worden. Er ist bey allen Feldzügen von 1756 bis 1763, besonders in den Schlachten bey Collin, Kunersdorf und Torgau, wie auch in der Belagerung von Schweidnitz gegenwärtig gewesen.

15. = Stabshauptmann von Campieur, Johann Christoph. Sein Geschlecht ist französischen Ursprungs, hat wegen des reformirten Glaubens Frankreich verlassen, und sich im Königreiche Preussen niedergelassen. Er ist im Jahre 1729 gebohren worden, 1752 zum Regimente als Fahnenjunker gekommen, 1754 im Nov. zum Fähnrich, 1757 den 19ten Febr. zum Secondelieutenant, 1759 im August zum Premierlieutenant, und 1766 den 28 Sept. zum Stabshauptmann ernennet worden. Er hat den Schlachten bey Reichenberg und Collin, in welcher letztern er verwundet worden, der Belagerung von Schweidnitz,

niz, den Gefechten bey Domitsch und Maxen beygewoh- 1767. net, ist bey Maxen gefangen, aber noch während des Krieges ausgewechselt worden.

16. Herr Stabshauptmann von Schwerin, Hans Bogislaf, ist ein Sohn des 1747 verstorbenen königlich preußischen Generalmajors, Commendanten zu Neiß, Chef eines Regiments Fußvolk, wie auch des Johanniterordens und pour le merite Ordensritters, und Frauen Elisabeth Wilhelmine, gebohrner von Wulfen, die ihn 1736 in Pommern gebohren. 1751 den 3ten September kam er als Fahnenjunker zu diesem Regimente, 1754 den 3ten November ward er zum Fähnrich, 1757 den 2ten Julius zum Secondelieutenant, 1759 den 3ten November zum Premierlieutenant, und den 28ten Sept. 1766 zum Stabshauptmann erkläret. Er ist in allen Feldzügen von 1756 bis 1761 gegenwärtig gewesen, besonders in den Schlachten bey Lowositz, Reichenberg, Collin, Breslau, Leuthen, Kunersdorf, ferner 1757 in der Belagerung von Breslau, und 1758 in der von Schweidniz. Als 1761 Schweidniz durch Sturm erobert ward, gerieth er in die österreichische Kriegesgefangenschaft, aus welcher er erst nach geschlossenem Frieden befreyet ward.

17. Premierlieutenant von Milkau, Carl August, ist aus einem alten sächsischen adelichen Geschlechte entsprossen. Sein Herr Vater George Wilhelm, hat ihn mit Frauen Christiane Auguste, gebohrner von Römer, erzeuget, die ihn 1733 in Sachsen gebohren. Er diente anfänglich Chursachsen als Cadet in Dresden, ward hernach 1755 Fahnenjunker und Fähnrich unter dem Fuselierregimente von Rochow. Als 1756 die sächsischen Völker bey Pirna gefangen genommen wurden, ward er Souslieutenant des Regiments von Hauß, und 1759 den 4 Oct. zum Premierlieutenant erkläret, nach erfolgter Abdankung des röbelschen, vormals haußenschen Regiments aber ist er 1763 zu Münchow gesetzet worden. Er hat der Schlacht bey Kunersdorf, in welcher er verwundet worden, 1760 dem Treffen bey Strehla, und 1762 dem Angrif bey böhmisch Einsiedel beygewohnet.

18. Premierlieutenant von Rodewitz, Gottlob Heinrich, stammt aus einem alten sächsischen adelichen Geschlechte. Herr Johann Heinrich von Rodewitz hat ihn mit Frauen Johanne Gottlieb, gebohrner von Pfuhl, erzeuget, die ihn 1725 in Sachsen zur Welt gebohren. Er diente

1767. diente von Jugend auf dem Churhause Sachsen, und stand 14 Jahr 10 Monate bey dem Regimente Prinz Xaver zu Fuß, kam 1757 in preußische Dienste, ward Secondelieutenant des aus den gefangenen Sachsen errichteten Regiments jung Bevern, und that unter dem Grenadierbataillon von Diezelski Dienste. Als dieses Regiment und Bataillon 1757 untergesteckt ward, kam er auf zwey Monate zu dem Fuselierregimente von Kreytzen, jetzo Gablentz, denn ward er den 30sten August 1757 zum Regimente Münchow gesetzet, bey welchem er den 16ten Junius 1763 Premierlieutenant ward. In sächsischen Diensten hat er den Schlachten bey Hohenfriedberg und Soor, in preußischen aber 1757 der Belagerung von Schweidnitz, 1758 dem Entsatz von Neisse, 1759 dem Gefechte von Domitsch und Maxen beygewohnet. Bey Maxen ward er gefangen genommen, und kam erst 1763 nach geschlossenem Frieden aus dieser österreichischen Gefangenschaft zurück.

19. Herr Premierlieutenant von Kleist, Moritz, stammt aus einem alten berühmten adelichen pommerschen Geschlechte. Herr Anton, königlich preußischer Hauptmann hat ihn mit Frauen Dorotheen Louisen, gebohrner von Versen, erzeuget, welche ihn 1733 in Pommern zur Welt gebohren. Er kam 1748 unter das adeliche Cadettencorps zu Berlin, und 1752 den 1sten May als Fahnenjunker zu dem münchowschen Regimente, ward 1756 den 10 Oct. zum Fähnrich, 1758 den 6ten Febr. zum Secondelieutenant, und 1764 den 14ten Merz zum Premierlieutenant erkläret. Er ist von 1756 bis 1759 in allen Feldzügen, besonders in den Schlachten von Reichenberg, Collin, Breslau und Leuthen, in den Belagerungen von Breslau und Schweidnitz, und in den kleinen Treffen von Domitsch und Maxen gegenwärtig gewesen. Aus der österreichischen Kriegesgefangenschaft, in welche er bey Maxen gerathen, kam er erst nach geschlossenem Frieden zurück.

20. Premierlieutenant Müller, Johann, ist aus der Schweitz gebürtig, und 1712 gebohren, kam 1740 bey diesem Regimente in Dienste, und war Feldwebel, als er den 5ten Febr. 1758 zum Secondelieutenant ernennet ward, 1764 den 3ten Junius ist er zum Premierlieutenant erkläret worden. Er hat von 1740 an bis 1759 allen Feldzügen, besonders den Schlachten bey Lowositz, Reichenberg, Collin, Breslau, und den kleinen Treffen

bey

bey Domitsch und Maxen beygewohnet. Bey Maxen kam 1767, er in die österreichische Kriegesgefangenschaft, welche sich 1763 mit dem geschlossenen Frieden endigte.

21. Herr Premierlieutenant Rose, Johann Georg, ist aus Schlesien gebürtig, und 1726 gebohren, kam 1740 unter dieses Regiment, und war Feldwebel, als er den 31ten Merz 1758 zum Secondelieutenant ernennet ward, 1765 den 29sten May gelangte er zu der Stelle eines Premierlieutenants. In allen Feldzügen von 1740 bis 1761, besonders in den Schlachten bey Lowositz, Reichenberg und Collin, in welcher er verwundet worden, und Breslau, 1758 in der Belagerung von Schweidnitz, und 1761 bey der Bestürmung von Schweidnitz ist er gegenwärtig gewesen. Bey letztern ward er gefangen, welche Gefangenschaft sich erst 1763 mit dem geschlossenen Frieden endigte.

22. Premierlieutenant von Below, Friedrich Wilhelm, ist aus einem alten adelichen Geschlechte in Pommern entsprossen, und ein Sohn Herrn Matthias Christian, und Frauen Veronica, gebohrner von Putkammer, die ihn 1739 in Hinterpommern gebohren. Er kam 1753 den 23sten April als Fahnenjunker zum Regimente, ward 1757 den 9ten Sept. zum Fähnrich, 1758 den 27 Jul. zum Secondelieutenant, und 1765 den 4ten Julius zum Premierlieutenant ernennet. Er hat von 1756 bis 1759 allen Feldzügen, und den Schlachten bey Lowositz, Collin, Breslau, Leuthen, denen Belagerungen von Breslau und Schweidnitz, den kleinen Gefechten bey Domitsch und Maxen, bey welchem letztern Vorfall er gefangen worden, beygewohnet. Nach geschlossenem Frieden gelangte er erst wieder in Freyheit.

23. Premierlieutenant von Berg, Carl Detlof, stammet aus einem alten adelichen in der Uckermark blühenden Geschlechte, und ist ein Sohn Herrn Jacob Christophs, der als königl. preußischer Obristlieutenant bey dem Küraßierregimente von Katte, jetzo Bredow, gestanden, und Frauen Anne Elisabeth, gebohrner von Rauhen, die ihn 1739 in der Uckermark zur Welt gebohren. Er kam als Fahnenjunker den 1sten Julius 1756 zu diesem Regimente, ward 1758 den 2ten Jenner zum Fähnrich, den 4ten Jen. 1759 zum Secondelieutenant, und den 28sten Sept. 1766 zum Premierlieutenant ernennet. Der letztere Krieg hat ihm Gelegenheit gegeben, allen Feldzügen

1767. von 1756 bis 1759, besonders der Schlacht bey Lowositz, Reichenberg, Collin, Breslau und Leuthen, den Gefechten bey Domitsch und Maxen beyzuwohnen, 1763 kam er aus der Kriegsgefangenschaft, in welcher er bey Maxen gerathen, zurück.

24. Herr Premierlieutenant von Versen, Ludwig Siegmund. Das Geschlecht von Versen ist in Pommern ansäßig, und eines alten adelichen Ursprungs. Herr Rüdiger Ewald, der königlicher preußischer Hauptmann des Regiments von Kalkstein, jetzo Rammin, gewesen, hat ihn 1732 mit Frauen Eleonore Barbare, gebohrner von Münchow, gezeuget, die ihn 1732 in Pommern gebohren. 1756 den 6ten Junius kam er als Fahnenjunker unter dieses Regiment, 1758 den 3ten Febr. ward er zum Fähnrich, 1759 den 29sten Jenner zum Secondelieutenant, und den 18ten Junius 1767 zum Premierlieutenant ernennet. 1759 gerieth er mit dem Regimente bey dem Angrif von Maxen in die österreichische Kriegsgefangenschaft, welche sich 1763 mit dem geschlossenen Frieden endigte. Ausser diesem Vorfall ist er in den Schlachten bey Reichenberg, Collin, Breslau und Leuthen, der Belagerung von Schweidnitz, und dem kleinen Treffen bey Domitsch gegenwärtig gewesen.

25. = Secondelieutenant von Gruben, Christian Ernst, ist aus einem adelichen pommerschen Geschlechte entsprossen, und ein Sohn Herrn Matthias Ernst, und Frauen Sophie, gebohrner von Byhowski, die ihn in Pommern 1737 gebohren. Nachdem er zwey Jahr und 5 Monate unter dem adelichen Cadettencorps in Berlin gedienet, kam er den 20sten Febr. 1757 als Fahnenjunker unter das Regiment von Münchow, ward 1758 den 3ten Febr. zum Fähnrich, und 1759 den 2ten Nov. zum Secondelieutenant erkläret. Er hat den Feldzügen von 1757 bis 1759 den Schlachten von Reichenberg, Collin, Breslau und Leuthen, der Belagerung von Schweidnitz, und dem kleinen Treffen bey Domitsch beygewohnet. Aus der Kriegsgefangenschaft, in welche er mit dem Regimente 1759 bey Maxen gerieth, kam er nach dem Hubertsburger Frieden zurück.

26. = Secondelieutenant von Grell, Matthias Heinrich, stammt aus einem hinterpommerschen adelichen Geschlechte. Sein Herr Vater war ein dasiger Landedelmann, die Frau Mutter, eine gebohrne Fräul. von Tesmar, hat

hat ihn 1738 in Pommern gebohren. Nachdem er fünf 1767.
Jahr unter den Cadets zu Berlin gedient, ward er 1757
als Fahnenjunker zu diesem Regimente gesetzet, 1758 den
5ten Februar zum Fähnrich, und 1759 den 2ten Nov.
zum Secondelieutenant erhoben. Er ist in den Feldzügen
von 1757 bis 1759, in den Schlachten bey Reichenberg,
Collin, Breslau und Leuthen, den Belagerungen von
Schweidnitz und Breslau, den Gefechten bey Domitsch
und Maxen gegenwärtig gewesen, bey Maxen in die
österreichische Gefangenschaft gerathen, und nach geschlossenem Frieden aus solcher erst befreyet worden.

27. Herr Secondelieutenant von Schöning, **Christian
Ludwig**, ist aus einem alten adelichen in Pommern und
der Neumark blühenden Geschlechte entsprossen, und ein
Sohn des königlich preußischen Landraths im soldinschen
Kreise, Herrn Wilhelm Richards. Seine Frau Mutter
Eleonore Sophie, gebohrne von Papstein, hat ihn 1739
in Pommern gebohren. 1756 den 24sten Oct. ward er
zum Fähnrich des aus den gefangenen sächsischen Völkern errichteten preußischen Regiments von Hauß, und
1757 den 12ten May zum Secondelieutenant ernennet,
1759 den 4ten Dec. gerieth er bey dem Gefechte von Meissen mit dem grösten Theil des Regiments in die österreichische Kriegesgefangenschaft. Als diese sich 1763 mit
dem Hubertsburger Frieden endigte, kam er nach der Abdankung des röbel, vorher hausenschen Regiments unter
dieses münchowsche.

28. Secondelieutenant von Rohr, **Carl Gottlieb
Adolf**. Sein Geschlecht ist sowohl in der Churmark
Brandenburg, als in Sachsen angesessen und ansehnlich.
Herr Adam Gottlieb, der als Obristwachtmeister unter
der königlich polnischen Krongarde gedienet, hat ihn mit
Frauen Johanne Leopoldine, gebohrner Freyen von Czedlitz
erzeuget, welche ihn 1736 in Sachsen gebohren. Nachdem er unter dem sächsischen lubomirskischen Regimente
zu Fuß acht Jahre gedienet, kam er bey der Gefangennehmung des sächsischen Heeres bey Pirna in preußische
Dienste, ward den 23sten Oct. 1756 zum Fähnrich des
Regiments Hauß, und den 16ten Sept. 1759 zum Secondelieutenant ernennet. Er hat sowohl der Schlacht
bey Kunersdorf als dem Scharmützel bey Meissen beygewohnet. Bey letzterm, welcher den 4ten Dec. 1759
vorfiel, ward er in die österreichische Kriegesgefangenschaft

1767. schaft versetzt. Als durch den Frieden 1763 die Loslaſſung der Gefangenen bewirket ward, kam er bey der Einverleibung des röbelſchen Regiments in das münchowſche unter dieſes letztere.

29. Herr Secondelieutenant von Röbel, Friedrich Ludwig, stammt aus einem alten adelichen in der Churmark Brandenburg blühenden Geſchlechte, und iſt ein Sohn Herrn Carl Guſtavs, und Frauen Hyppolite, gebohrner Fräulein von Kracht, die ihn 1739 in der Mark Brandenburg zur Welt gebohren. 1760 den 6ten May ward er zum Fähnrich des Regiments von Hauß ernennet, welches 1761 ſeines Vaters Bruder, der Herr Generalmajor Ludwig Philipp von Röbel, erhielt, 1762 den 1ſten September ward er zum Secondelieutenant ernennet, und bey der Einverleibung des röbelſchen Regiments, kam er 1763 bey das münchowſche. Er hat 1760 der Schlacht bey Strehlen, 1762 dem Angrif bey Dux, dem bey böhmiſch Einſiedel, und der Schlacht bey Freyberg beygewohnet.

30. Secondelieutenant von Birkholz, Auguſt Carl, iſt ein Sohn des königl. preußiſchen Präſidenten bey der neumärkiſchen Kriegs- und Domainenkammer zu Küſtrin, Herrn George Albrechts. Seine Frau Mutter Sophie Albertine, Bruders Tochter des verſtorbenen Herren Generallieutenants, Guſtav Bogislaf von Münchow, brachte ihn 1742 zu Cüſtrin zur Welt. Er kam 1758 den 3ten Auguſt als Fahnenjunker zu dieſem Regimente, ward 1759 den 29ſten Jenner zum Fähnrich, und 1763 den 18ten September zum Secondelieutenant ernennet. Er hat dem Gefechte bey Domitſch und Maxen 1759 beygewohnet, und iſt aus der öſterreichiſchen Kriegsgefangenſchaft, in welche er bey Maxen gerathen, erſt durch den Hubertsburger Frieden befreyet worden.

31. Secondelieutenant von Frorreich, Ludwig Wilhelm, iſt aus einem alten adelichen Geſchlechte entſproſſen, welches im funfzehnten Jahrhunderte aus Liefland nach Pommern gekommen, und ſich daſelbſt anſäßig gemacht. Herr Heinrich Caſimir, königlich preußiſcher Hauptmann des Berliner Landregiments, und Erbherr auf Papenzien im neuſtettinſchen Kreiſe iſt ſein Herr Vater, die Frau Mutter Magdalena Sophie, Tochter Herrn Alexander Heinold von Germar, Erbherrn aus Gorsleben, hat ihn 1742 zu Papenzien gebohren. Er kam 1756
unter

von Kleist.

unter das Cadettencorps zu Berlin, 1757 im November 1767. als Fahnenjunker zu diesem Regimente, 1759 den 28sten Febr. ward er zum Fähnrich, und 1764 den 22sten Merz zum Secondelieutenant ernennet. Er hat 1758 der Belagerung von Schweidnitz, ferner 1759 dem Angrif bey Domitsch und Maxen beygewohnet. Bey letztern gerieth er in die österreichische Kriegsgefangenschaft, aus welcher er 1763 nach geschlossenem Frieden zurück kam. Von seinen Geschwistern stehet der dritte Bruder, Herr Paul Gustav Ernst, als königlich preußischer Lieutenant bey dem Regiment Rosen zu Fuß. Der älteste Herr Friedrich Alexander ist 1757 zu Leipzig als königlich preußischer Fähnrich des zweyten Bataillons Garde zu Leipzig, der zweyte Herr Heinrich Carl, 1760 als Secondelieutenant eben dieser Garde zu Leipzig, die beyden jüngern, Herr Franz Casimir und Fräulein Charlotte Sophie aber jung gestorben.

32. Herr Secondelieutenant von Szuplinski, Jacob, stammet aus einem adelichen preußischen Geschlechte. Sein Herr Vater Johann Jacob hat ihn mit Frauen Elisabeth, einer gebohrnen von Lux, gezeuget, welche ihn 1740 in Preußen zur Welt gebohren. Nachdem er zuvor bey dem Corps Cadets zu Berlin gestanden, kam er den 1sten Merz 1757 als Fahnenjunker zu diesem Regimente, ward 1759 den 2ten Nov. zum Fähnrich, und 1764 den 3ten Junius zum Secondelieutenant ernennet. Er hat der Belagerung von Schweidnitz, und den Gefechten bey Domitsch und Maxen beygewohnet. 1763 kam er aus der Kriegsgefangenschaft, in welche er bey Maxen gerathen, zurück.

33. Secondelieutenant Müller, Johann Friedrich, ist in Pommern 1739 gebohren, und ein Sohn des vormaligen königlichen preußischen Lieutenants bey dem Besatzungsregimente von Thymen, jetzo Berner, Herr Christian Ludwig Müller, und Frauen Catharine Sophie, gebohrner von Dierke. Er diente erstlich drey Jahr und drey Monate bey dem gedachten Regimente, so damals Mitschefal hieß, ward 1757 in der Belagerung von Schweidnitz gefangen, aber bald ausgewechselt, 1758 zu diesem Regimente gesetzet, 1759 den 2ten Novembr. zum Fähnrich, und 1764 den 3ten Junius zum Secondelieutenant ernennet. Er wohnte 1759 den Gefechten bey Domitsch und Maxen bey. In letzterm ward er abermals

1767. mals gefangen, und erſt 1763 nach geſchloſſenem Frieden in Freyheit geſetzet.

34. Herr Secondelieutenant von Liptay, Friedrich Wilhelm. Der königl. preußiſche Obriſtlieutenant und Commandeur des Huſarenregiments von Seidlitz, Herr Samuel von Liptay, welcher 1757 die geſuchte Erlaſſung erhalten, hat ihn mit einer gebohrnen Fräulein Kladow von Kladowski erzeuget, die ihn 1740 im mecklenburgiſchen zur Welt gebohren. Nachdem er ſechs Jahr unter dem Corps Cadets zu Berlin gedienet, ward er der 28ſten Jenner 1759 als Fahnenjunker zu dieſem Regimente geſetzet, 1759 den 3ten Nov. zum Fähnrich, und 1764 den 29ſten Junius zum Secondelieutenant ernennet. Er iſt 1761 in der mit Sturm eroberten Feſtung Schweidnitz in die öſterreichiſche Kriegsgefangenſchaft gerathen, aus welcher er erſt 1763 nach geſchloſſenem Frieden befreyet worden.

35. - Secondelieutenant von Verſen, Gotthilf, iſt ein Bruder des oben Nummer 25 befindlichen und 1743 in Pommern gebohren. Nachdem er vier Jahr bey den Cadets gedienet, kam er den erſten Jenner 1759 als Fahnenjunker zu dieſem Regimente, ward den erſten September 1760 zum Fähnrich, und den 8ten Dec. 1764 zum Secondelieutenant ernennet. Bey der 1761 erfolgten Uebergabe von Schweidnitz gerieth er in die öſterreichiſche Kriegsgefangenſchaft, aus welcher er 1763 nach geſchloſſenem Frieden zurück kam.

36. - Secondelieutenant von Lüderitz, Friedrich, iſt aus einem alten adelichen und berühmten in der Churmark Brandenburg blühenden Geſchlechte entſproſſen, und ein Sohn Herrn Chriſtians, und Frauen Heinriette, gebohrner von Knobloch, den ihn 1738 zu Ruppin gebohren. Er ward nachdem er drey Jahr und zwey Monate bey den Cadets zu Berlin gedienet, 1760 den 6ten Februar zu dieſem Regimente als Fahnenjunker geſetzet, den 2ten Sept. 1760 zum Secondelieutenant erkläret, ward gleichfals 1761 bey der Eroberung von Schweidnitz in die öſterreichiſche Kriegsgefangenſchaft verſetzet, und 1762 durch den Hubertsburger Frieden frey gemachet.

37. - Secondelieutenant von Misbach, Johann, ſtammet aus einem adelichen in der Neumark Brandenburg blühenden Geſchlechte und iſt ein Sohn Herrn Johann Chriſtians, und Frauen Wilhelmine Dorothee, gebohrner von Wedel,

Wedel, die ihn 1739 in der Neumark zur Welt gebracht. 1767. Nachdem er bey dem adelichen Cadettencorps zu Berlin gedienet, kam er 1760 den 9ten Februar als Fahnenjunker zu diesem Regimente, ward den 3ten September 1760 zum Fähnrich, und 1765 den 2ten Julius zum Secondelieutenant ernennet, 1761 bey der Eroberung von Schweidnitz gefangen genommen, und 1763 nach erfolgtem Frieden frey gelassen.

38. Herr Secondelieutenant von Lentke, Carl Friedrich. Seine Eltern sind Herr Johann Heinrich Stephan, welcher im magdeburgischen Güter besitzet, und Frau Anna Charlotte, gebohrne von Michaelis, von welcher er 1739 im magdeburgischen gebohren worden. Drey Jahre dienete er unter den Cadets in Berlin, 1756 den 28sten Jenner kam er als Fahnenjunker zu diesem Regimente, 1763 den 1sten Julius ward er zum Fähnrich, und 1765 den 3ten November zum Secondelieutenant erkläret. Er hat den Gefechten bey Domitsch und Maxen beygewohnet, ist bey letzterm in die österreichische Kriegesgefangenschaft verfallen, und erst 1763 nach geschlossenem Frieden aus solcher befreyet worden.

39. Secondelieutenant von Woldeck, Hans Christoph, ist 1744 im ruppinschen gebohren, und ein Sohn des oben Nummer 3 angeführten Herrn Obristlieutenants, 1760 ward er als Fahnenjunker bey dem Regimente vorgestellet, 1763 den 2ten Julius zum Fähnrich, und 1766 den 28sten September zum Secondelieutenant ernennet.

40. Secondelieutenant von Hirschfeld, Carl Friedrich. Er ist in Schlesien 1744 gebohren. Seine bereits verstorbene Eltern sind, Herr Johann Friedrich, königl. preußischer Lieutenant des Husarenregiments von Putkammer, jetzo Bohlen, und Frau Elisabeth, gebohrne von Hofmann. Nachdem er ein Jahr und fünf Monate bey dem Regimente von Röbel gestanden, ward er bey dessen Einverleibung 1763 unter dieses Regiment gesetzet, den 4ten Jul. 1763 zum Fähnrich, und den 18ten Jun. 1767 zum Secondelieutenant erkläret. Er hat 1762 dem Scharmützel bey böhmisch Einsiedel und der Schlacht bey Freyberg beygewohnet.

41. Fähnrich von Helldorf, Johann Ernst, ist aus einem alten adelichen Geschlechte in Sachsen entsprossen, und 1745 in Sachsen gebohren worden. Sein Herr Vater ist Obristwachtmeister in churfächsischen Diensten gewesen,

1767. wesen, und die Frau Mutter eine gebohrne von Schönberg. Nachdem er ein Jahr und fünf Monate als Fahnenjunker unter dem Regimente von Röbel gedienet, kam er 1763, als solches dem von Münchow einverleibet worden, bey dieses, und ward den 5ten Julius 1763 zum Fähnrich ernennet.

42. Herr Fähnrich von Brockhausen, Anton Gerhard. Sein alt adeliches Geschlecht ist in Pommern angesessen und berühmt. Seine Eltern sind Herr Matthias George, und Frau Sophie Louise, eine gebohrne von Podewils, welche ihn 1740 in Pommern gebohren. 1759 den 1sten Jenner kam er als Fahnenjunker zu diesem Regimente, und ward 1763 den 14ten August zum Fähnrich erkläret. 1759 hat er den Gefechten bey Domitsch und Maxen beygewohnet. Bey dem letzern Vorfall gerieth er in die österreichische Kriegsgefangenschaft, aus welcher er erst 1763 nach geschlossenem Frieden zurück kam.

43. = Fähnrich von Schmettau, Ludwig Christian, ist zu Berlin 1747 gebohren. Sein Vater Herr Heinrich Wilhelm, königlicher preußischer geheimer Kriegsrath und erster Director der churmärckischen Kriegs- und Domainenkammer, ist 1767 den 15 Jun. zu Berlin mit Tode abgegangen, die Frau Mutter aber ist Louise Sophie, gebohrne von Schmettau. 1763 kam er zu diesem Regimente, und ward den 18ten September 1763 zum Fähnrich ernennet.

44. = Fähnrich von Berg, August Wilhelm, ist ein Bruder des oben N. 24 angeführten Herrn Lieutenants, und 1745 gebohren, kam 1764 den 24sten Merz zum Regimente, und ward den 13ten Julius 1764 zum Fähnrich ernennet.

45. = Fähnrich, Reichsgraf von Ortenburg, Ludwig Emanuel. Das gräfliche ortenburgische Haus stammt bekannter massen von den alten Herzogen in Kärnthen ab. Seine Eltern sind Herr Carl, Reichsgraf zu Ortenburg, Eriechingen und Putlingen, und Frau Louise Sophie, gebohrne Wild und Reichsgräfin von Dhaun, welche den 2ten December 1756 diese Zeitlichkeit verlassen, und ihn 1740 den 30sten December zur Welt gebohren. Er ist 1765 den 1sten April zwar erst zum Regimente als Fähnrich gekommen, sein Patent aber vom 14ten Julius 1764 ausgefertiget worden

46. Herr

46. Herr Fähnrich von der Osten, Curt, ist aus einem 1767. alten pommerschen adelichen Geschlechte entsprossen, und 1746 in Pommern gebohren worden. Seine Eltern sind Herr Christoph, königlicher preußischer Landrath in Pommern, und Frau Dorothee Ludovike, gebohrne von der Osten. 1764 den 16ten Julius ward er als Fahnenjunker zum Regiment gesetzet, ward an eben dem Tage Titularfähnrich, den 2ten Julius 1765 aber wirklicher Fähnrich.

47. = Fähnrich von Scherz, Franz, ist aus einem schlesischen adelichen Geschlechte entsprossen, und 1746 gebohren. Sein Vater Herr Ferdinand von Scherz, hat ihn mit Frau Catharine, gebohrner von Nikisch, gezeuget. Nachdem er zuvor bey dem Corps Cadets gestanden, kam er 1764 als Freycorporal zu diesem Regimente, dabey er unter dem 14ten August 1764 zum Titularfähnrich, den 4ten November 1765 aber zum wirklichen Fähnrich ernennet ward.

48. = Fähnrich von Mandelsloh, Hans Albrecht. Sein alt adeliches Geschlecht ist im mecklenburgischen berühmt und ansehnlich. Seine Eltern sind Herr August Leberecht, und Frau Marie Elisabeth, gebohrne von Glöden, welche ihn 1746 im mecklenburgischen zur Welt gebohren. 1764 den 23sten August ward er als Fahnenjunker mit Fähnrichs Patent zu diesem Regimente gesetzet, 1766 den 7ten April aber zum wirklichen Fähnrich ernennet.

49. = Fähnrich von Callagan, Johann Carl Wilhelm, ist zu Brandenburg 1746 gebohren worden, und ein Sohn des oben Seite 77 angeführten Grenadierhauptmanns, Herrn Dionysius von Callagan. 1763 ward er als Fahnenjunker dieses Regiments eingestellet, den 28sten April 1765 zum Titularfähnrich, und den 28sten September 1766 zum wirklichen Fähnrich erkläret.

50. = Fähnrich Marquis von Cavalcabo, Carl Wilhelm Melchior, ist in der Stadt Bergamo in Italien 1748 gebohren, und dem catholischen Glauben zugethan. Sein Herr Vater, Melchior, Marquis von Cavalcabo, war Generalfeldwachtmeister in Diensten der Kaiserin Königin

1767. Königin von Hungarn und Böheim, die Frau Mutter aber Caroline, eine gebohrne Freyin von Schmidburg, welches alte ritterschaftliche Geschlechte in dem Churfürstenthum Maynz ansäßig und berühmt ist. Nachdem er bey des Königs von Preussen Majestät drey Jahre als Hofpage gestanden, ward er den 18ten Junius 1767 zum Fähnrich dises Regiments ernennet.

§. 17.

§. 17.

Von den seit Stiftung des Regiments bey demselben gestandenen Herren Regimentsquartiermeistern, Feldpredigern, Auditeurs und Regimentsfeldscherern.

1. Regimentsquartiermeister.

Bey Stiftung des Regiments ward 1740 Herr **Anton** 1740. **Friedrich Cölln**, der aus Berlin gebürtig war, zum Regimentsquartiermeister ernennet. Er that die Feldzüge von 1741 bis 1745 mit, und starb in dem letztern Jahre zu Berlin, woselbst er sich damals wegen Regiments Angelegenheiten aufhielt. Ihm folgte

Herr **Heinrich Leidemitt**, welcher zu Frankfurt an 1745. der Oder 1715 gebohren ist, und seit dem Anfang des 1745sten Jahres allen Feldzügen des Regiments beygewohnet, auch noch jetzo diese Stelle zur vollkommenen Zufriedenheit des Regiments bekleidet.

2. Feld-

2. Feldprediger.

1740. Der erste Feldprediger des Regiments ist Herr Johann Daniel Pylarick gewesen. Er ward 1713 zu Magdeburg gebohren, und versahe diese Bedienung bis 1748, da er als Prediger nach dem Dorfe Redekin bey Brandenburg berufen ward, woselbst er noch lebet. Sein Nachfolger ward

1748. 2. Herr Arnd Gottfried Schwalbe. Dieser war aus dem Magdeburgischen gebürtig, und bekam 1754 die Predigerstelle zu Wolmirstedt im magdeburgischen. Er lebt noch daselbst im Amte. Ihm folgte

1754. 3. Herr Anton Theophilus Lütkemüller, welcher im magdeburgischen gebohren war, und 1757 zu Buschkau in Schlesien an einer hitzigen Brustkrankheit verstarb. Seine Stelle ward durch den

1758. 4. Herrn Meyling ersetzet, der aber nur vierzehn Tage bey dem Regimente den Dienst versehen, indem er 1758 zu märisch Littau durch eine hitzige Krankheit sein Leben endigte. Diesen Abgang ersetzte

1758. 5. Herr Stephan Rudolf. Er war aus dem Dorfe Niederdodeleben im Herzogthum Magdeburg gebürtig, und ward 1763 als Prediger auf das Dorf Biesen bey Brandenburg berufen, welchem Amte er noch vorstehet. Sein Nachfolger ward

1763. 6. Herr Benedickt Samuel Wagner, welcher in der chursächsischen Stadt Wittenberg gebohren ist, 1756 als Feldprediger zu dem Regiment von Hauß, jetzo von Rödel, gesetzet, und als 1763 dieses Regiment dem von Münchow, jetzo Kleist, einverleibet worden, zu diesem gekommen, und welcher 1767 den Ruf als Prediger in dem altmärkischen Dorfe Buch erhalten hat. Sein Platz ist bis jetzo noch nicht besetzt.

3. Auditeurs.

1. Herr Adolf Friedrich Riediger, ein gebohrner Berliner, 1740. ist von der Stiftung des Regiments bis in das 1744ste Jahr Auditeur dieses Regiments gewesen. Der König machte ihn in diesem Jahre wegen seiner gründlichen Gelehrsamkeit und bekannten Geschicklichkeit zum Oberauditeur in Berlin. Gegenwärtig aber bekleidet er die Stelle als Kriegsrath und Oberburgermeister der Residenzstadt Berlin. Ihm folgte

2. Herr Friedrich August Gerbet. Er war zu Halle 1744, im Herzogthum Magdeburg 1721 gebohren, und ein Sohn Herrn Gustav Friedrich Gerbet, welcher königlicher preußischer Geheimerjustitzrath und Generalfiscal gewesen. 1756 ward er als Regimentsquartiermeister zu dem Regimente von Saldern, hernach Plotho, gesetzet, bey welchem er 1762 gestorben. Sein Platz ward durch

3. Herrn Pötter besetzet. Dieser war aus Berlin gebürtig, 1756. nahm 1758 den Abschied, und bekam den

4. Herrn Siegfried zum Nachfolger, welcher zu Bernau 1758 in der Mittelmark Brandenburg gebohren war, und 1763 die gesuchte Erlassung erhielt. Sein Nachfolger ward

5. Herr Johann Ferdinand Hübner. Er ist zu Strehlen 1763. in Schlesien gebohren. 1756 kam er als Auditeur zu dem neuerrichteten Regimente von Hauß, welches hernach der Generalmajor von Röbel bekam, mit diesem Regimente wohnte er den Feldzügen bis 1763 bey, und als es nach geschlossenem Frieden dem von Münchow einverleibet ward, bekam er bey selbigem eben diese Stelle. Er hat von 1756 an bey allen Vorfällen die Zufriedenheit der Vorgesetzten und die Liebe des Regiments sich zu erwerben und zu erhalten das Glück gehabt.

4. Regimentsfeldscheerer.

1740. Bey Stiftung des Regiments ward Herr Johann Christian Cramer zum Regimentsfeldscheerer ernennet. Er ist im Jahre 1710 zu Deſſau gebohren worden, und verſahe in allen Feldzügen bis 1763 mit vorzüglichem Ruhm dieſe Stelle. Nach hergeſtelltem Frieden erhielt er die geſuchte Erläſſung, und lebt noch jetzo als ein glücklicher Wundarzt in der Stadt Brandenburg. In ſeine Stelle kam

1763. 2. Herr Christian Friedrich Kühn. Er hat dieſe Bedienung ſchon ſeit 1756 bey dem Regimente von Hauß, nachmals von Röbel, bekleidet, und bey deſſelben Einverleibung in das münchowſche iſt er 1763 zu dieſem geſetzet worden. Sein Fleiß und Eifer im Dienſte haben ihm die Liebe und Achtung des Regiments erworben.